Richard Woolfson

Kinder und ihre Körpersprache

HERDER / SPEKTRUM
Band 4604

Das Buch

Kinder reden mit dem ganzen Körper. So drücken sie ihre Gefühle aus. Ihre Körpersprache richtig zu deuten, ist entscheidend für die Beziehung zwischen Eltern und Kindern. Es fängt beim Kleinkind an: Was will das Baby wirklich, wenn es schreit? Aber auch bei Kindern, die bereits sprechen können, tauchen solche Fragen auf: Wie erkenne ich, daß mein Kind Angst hat? Woolfson zeigt, wie Eltern selber diese „nonverbale Sprache" sprechen können und aufmerksam werden für die Signale der Kinder: Damit sie ihr Kind verstehen, auch wenn es gar nichts sagt. Genau und anschaulich beschreibt er Laute, Gesten und Mimik schon der ganz kleinen Babys. Einfühlsam und kenntnisreich geht er auf die verschiedensten Befindlichkeiten der Kinder ein und wie sie sich äußern: Neugier, Frustration, der Wille zur Unabhängigkeit oder der Wunsch nach Zuwendung. Und er zeigt, wie Eltern individuell und je nach Situation darauf eingehen können. Auch beim Grenzen-Suchen von Kindern und den scheinbaren Provokationen spielt sich viel über die Körpersprache ab. So wird zum Beispiel klar, warum Kinder lügen und wie Eltern dies erkennen können. Ein gut zu lesendes, systematisch aufgebautes Buch. Einfühlsam und kompetent: Für alle Eltern, die ihre Kinder und das, was sie nicht sagen, besser verstehen wollen.

Der Autor

Dr. Richard Woolfson, erfahrener Kinderpsychologe, Mitherausgeber einer Fachzeitschrift, er hat regelmäßige Sendungen im britischen Rundfunk und ist gefragter Gast in Fernsehsendungen. Er schreibt für Elternzeitschriften. Er ist mit einer Kinderpsychologin verheiratet und hat zwei Töchter.

Richard Woolfson

Kinder und ihre Körpersprache

Wie Eltern die Körpersignale von Babys und Kindern besser verstehen

Aus dem Englischen von Michael Herrmann

Herder

Freiburg · Basel · Wien

Für Lisa, meine beste Freundin

Die Originalausgabe erschien in Englisch im Verlag Thorsons,
a Division of HarperCollinsPublishers Ltd, unter dem Titel:
Your Child's Body Language.
What Your Baby or Child's Body Signals Really Mean

Herstellung: Freiburger Graphische Betriebe 1997
Gedruckt auf umweltfreundlichem,
chlorfrei gebleichtem Papier
Umschlaggestaltung: Joseph Pölzelbauer
Umschlagbild: © Ursula Markus
ISBN 3-451-04604-0

Inhalt

Einleitung 11

TEIL I
ES GEHT LOS!

1. Zur Einstimmung auf die Körpersprache Ihres Kindes 19

Für den Anfang 19
Die wichtigsten Fähigkeiten 20
Praktische Übungen 21
Stummes Fernsehen 22
Alltag auf der Straße 22
Im Park 23
Zu Hause 23
Wissen über Körpersprache 24
Weitere Faktoren 26
Sich verstellen, um zu verbergen 29
Körpersprache positiv einsetzen 30
Wie Sie die Körpersprache Ihres Kindes verstehen können 31
Zusammenfassung 34

TEIL II
KÖRPERSPRACHE IM BABY- UND KLEINKINDALTER (0–2 Jahre)

2. Was Ihr Baby Ihnen sagt 37

Zur Kommunikation geboren 37
Körpersprache als einziger Weg 39
Schreien 40
Baby-Schreien verstehen 41
Warum schreien Babys so oft? 43
Alter und Entwicklungsstadium: Formen des Schreiens im ersten Lebensjahr 44
Andere nichtgeformte Laute 46
Sprechen mit Ihrem Kind fördert die nonverbale Kommunikation 49
Lächeln, Grimassen und andere Gesichtsausdrücke Ihres Babys 50
Arm- und Beinbewegungen 54
Wie Ihr Baby Körpersprache erlernt 55
Zusammenfassung 57

3. Was Ihr Kleinkind Ihnen sagt 59

Veränderungen 59
Gefühle bei Kleinkindern 62
So erkennen Sie die Gefühle des Kleinkindes an seiner Körpersprache 63
Neugier 63
Herausforderung 66
Frustration 68
Unabhängigkeit 71

Scheu 73
Vergnügen 75
Zusammenfassung 79

TEIL III
KÖRPERSPRACHE IM KINDERGARTEN- UND VORSCHULALTER (3–6 Jahre und älter)

4. Neue Dimensionen der Körpersprache 83

Schritte zur Reife 83
Mimik 84
Soziale Distanz 87
Körperhaltung 89
Augenbewegungen 91
Hand- und Armbewegungen 92
Beinbewegungen 93
Berührungsgesten 95
Zusammenfassung 98

5. Was Ihr Kind Ihnen sagt 99

Vorbemerkung 99
Gefühle des Kindes 101
So erkennen Sie die Gefühle des Kindes an seiner Körpersprache 102
Trennung von Bezugspersonen 102
Ziele 105
Aufregung 108
Unsicherheit 111
Freundlichkeit 113

Liebe 115
Zusammenfassung 118

TEIL IV
KÖRPERSPRACHE IN BESONDEREN SITUATIONEN

6. Wenn etwas nicht in Ordnung ist 121

Vorbemerkung 121
Wie Sie Ihr Kind verstehen, wenn es Probleme hat . 123
Ihr Kind gibt offen zu, daß es etwas angestellt hat 123
Ihr Kind gibt nur teilweise zu, daß es etwas angestellt hat 125
Ihr Kind verheimlicht Ihnen bewußt etwas 129
Ihr Kind verbirgt etwas aus Angst 133
Ihr Kind erzählt überhaupt nichts 137
Zusammenfassung 141

7. Körpersprache positiv einsetzen 142

Vorbemerkung 142
Die Bedeutung des ersten Eindrucks 143
So können Sie vorgehen 144
Körpersprache und erste Eindrücke 146
Mit anderen zurechtkommen 152
Wie Ihr Kind mit Ihrer Hilfe eine positive Körpersprache erlernen kann 156
Was Sie tun sollten 156
Was Sie vermeiden sollten 156
Zusammenfassung 157

Mein Dank geht an Wanda Whiteley für ihre Hilfe bei der Fertigstellung des Manuskriptes und an Lisa, Tessa und Eve für ihre Liebe und ihren Zuspruch.

Einleitung

Ständig nehmen Sie und Ihr Kind die Körpersprache des jeweils anderen auf, obwohl Sie sich dieser nonverbalen Kommunikation wahrscheinlich gar nicht bewußt sind. Und doch ist das Verstehen von Körpersprache ein essentieller Bestandteil jeder Eltern-Kind-Beziehung.

Denken Sie einen Augenblick darüber nach: Lächeln Sie jemals Ihr Kind nicht an? Natürlich tun Sie das – es bedeutet, daß Sie sich nonverbaler Kommunikation bedienen, um Ihrem Kind gegenüber Freude zum Ausdruck zu bringen. Kuscheln Sie sich mit Ihrem Kind nicht gerne eng aneinander, wobei es vielleicht auf Ihren Knien sitzt, während Sie lesen oder fernsehen? Natürlich tun Sie das – es bedeutet, daß Sie sich nonverbaler Kommunikation bedienen, um dem Kind gegenüber Liebe und Nähe zum Ausdruck zu bringen. Oder stehen Sie Ihrem Kind nicht manchmal gegenüber, fast Auge in Auge, während Sie es für etwas tadeln? Natürlich tun Sie das – es bedeutet, daß Sie sich nonverbaler Kommunikation bedienen, um dem Kind gegenüber Ihr Mißfallen und Ihren Ärger zum Ausdruck zu bringen. Dies sind nur einige der vielen Gelegenheiten, bei denen Sie – bewußt oder unbewußt – Körpersprache einsetzen, um mit Ihrem Kind zu „sprechen".

Ebenso „spricht" auch Ihr Kind nonverbal mit Ihnen. Weint es nicht manchmal? Natürlich tut es das – es bedeutet, daß es nonverbale Kommunikation einsetzt, um Ihnen seinen Hunger und seine Langeweile, Wut, Unbehagen und anderes mitzuteilen. Schiebt es bei Tisch nicht manchmal den Teller von sich weg? Natürlich tut es das – es bedeutet, daß es sich nonverbaler Kommunikation bedient hat, um Ihnen zu sagen, daß es nicht mehr essen möchte. Versteckt es sich nicht hinter Ihnen, wenn eine ihm unbekannte Person es anzusprechen versucht? Natürlich hat es das – es bedeutet, daß es nonverbale Kommunikation benutzt, um Ihnen mitzuteilen, daß es Scheu empfindet. Dies sind nur einige der vielen Gelegenheiten, bei denen Ihr Kind – bewußt oder unbewußt – Körpersprache einsetzt, um mit Ihnen zu „sprechen".

Manche Psychologen behaupten, Körpersprache sei wichtiger als das gesprochene Wort. Es gibt mehrere Gründe, die diese Annahme bestätigen. Zunächst ist da der Umfang der gesprochenen Sprache im Vergleich zum Umfang der Körpersprache. Bei einem fundierten Forschungsprojekt kam man zu dem Schluß, daß in einer typischen Beziehung nur sieben Prozent der Gefühle in Worten ausgedrückt werden, 93 Prozent aller Gefühle werden unter Einsatz einer Vielzahl nonverbaler Kommunikationsschienen wiedergegeben. Zahlen wie diese lassen die Bedeutung der Körpersprache sicher in neuem Licht erscheinen! Wenn Sie die Körpersprache Ihres Kindes nicht verstehen, entgehen Ihnen über 90 Prozent der Gedanken und Gefühle, die es Ihnen zu vermitteln sucht. Sicher würde es Ihnen nicht gefallen, wenn die Ihnen nahestehenden Menschen nur zehn Prozent dessen verstünden, was Sie zum Ausdruck zu bringen versuchen. Genauso geht es auch Ihrem Kind in seiner Beziehung zu Ihnen.

Der zweite Unterschied liegt darin, daß Körpersprache viel dynamischer ist als das gesprochene Wort. Psychologen behaupten, daß 55 Prozent der Kommunikationsinhalte zwischen zwei Menschen nonverbal vermittelt werden. Ein Psychologe schätzte das Ausmaß der Körpersprache zwischen zwei Personen und kam zu dem Schluß, daß eine Normalperson weniger als 20 Minuten am Tag spricht und daß der durchschnittliche Satz weniger als fünf Sekunden dauert! Die meisten kleinen Kinder verwenden Worte, um Fakten mitzuteilen, etwa „Ich muß mal" oder „Ich bin müde", und sie verwenden Körpersprache hauptsächlich, um Gefühle mitzuteilen, etwa durch Weinen oder Stirnrunzeln, wenn sie unglücklich sind, oder durch finstere Blicke, wenn sie mit jemandem böse sind. Das Verständnis für diese nonverbalen Hinweise ist ein äußerst wichtiger Bestandteil, wenn Sie Ihrem Kind gegenüber angemessen reagieren wollen.

Der dritte Grund, warum Körpersprache in der Eltern-Kind-Beziehung so wichtig ist, ist zweifelsfrei, daß Körpersprache ein „kommunikatives Leck" darstellt, das heißt mehr über einen Menschen preisgibt, als dieser möchte. Mit anderen Worten: Körpersprache läßt hinter dem tatsächlich Gesagten oft Ihre wahren Gefühle hervortreten. Nehmen wir an, Sie gehen zu einem Vorstellungsgespräch und sind sehr nervös. Da Sie nicht wollen, daß sich dies während des Gesprächs zeigt, entschließen Sie sich vielleicht, auf Fragen langsam zu antworten und Ihre Worte sorgsam zu wählen. Es mag sogar sein, daß Sie üben, ohne „äh“ und „hm“ zu sprechen und dabei Ihre Sprache akzentuieren. Auf diese Weise versuchen Sie, Ihre gesprochene Sprache zu kontrollieren, um Ihre wahre Nervosität zu verbergen. Dennoch würde Ihre Körpersprache Sie verraten, da diese viel schwieriger zu kontrollieren ist. Ihre Atmung wird möglicherweise kurz und flach. Sie fangen an, ständig zu schlucken. Es mag Ihnen schwer fallen zu lächeln, selbst wenn Ihr Gesprächspartner einen Scherz macht. Ihre Hände sind vielleicht eng ineinander verschlungen, Hals- und Gesichtsmuskulatur sind vielleicht angespannt und bewirken eine unnatürlich steife Haltung, oder Sie bewegen nervös Ihre Füße und Beine. Einfach gesagt: Ihre in Wirklichkeit vorhandene Nervosität würde sich nonverbal zeigen, und es gäbe wenig, das Sie dagegen tun könnten.

Das gleiche gilt für Ihr Kind. Nehmen wir an, Sie fragen es, ob die Buntstiftstriche auf der Tapete im Wohnzimmer von ihm sind. Obwohl es dies vielleicht zunächst leugnet, da es ein Mißgeschick war und es deswegen keinen Ärger haben möchte, merken Sie gleich von Anfang an, daß es Ihnen nicht die Wahrheit sagt. Möglicherweise kann es Ihnen nicht offen in die Augen schauen, oder es wird rot. Diese verräterischen Zeichen lassen Sie wissen, daß es einen Unterschied gibt zwischen dem, was Ihr Kind Ihnen verbal mitteilt, und dem, was es Ihnen nonverbal sagt. Lassen Sie sich in kommunikativen Konflikten wie diesem stets von der nonverbalen Botschaft leiten.

Darüber hinaus wirkt Körpersprache oft viel überzeugender als das gesprochene Wort. Eine Handlung kann wirklich eine deutlichere Sprache sprechen als Worte. Beruhigendes Knuddeln oder eine Umarmung geben mehr Unterstützung als beruhigende Worte. Ein Lächeln und ein Winken können mehr inspirieren als Worte der Ermutigung, und ein mißbilligendes Stirnrunzeln kann wirksamer sein als eine verbale Rüge.

In manchen Augenblicken erhalten Sie über die Körpersprache Ihres Kindes Hinweise auf mögliche Schwierigkeiten, und dies versetzt Sie in die Lage, vorbeugend tätig zu werden. So kann die morgendliche Trägheit beim Anziehen seiner Jacke ein Zeichen dafür sein, daß es nicht gerne in den Kindergarten geht. Vielleicht gibt es dort ein Problem, bei dessen Lösung Ihre Hilfe erforderlich ist. Es ist für Ihr Kind leichter, seinen Gefühlen auf diese Weise Ausdruck zu verleihen, als den wirklichen Grund seines Unglücklichseins in Worte zu fassen.

Der dritte und letzte Grund, warum Körpersprache in einer Eltern-Kind-Beziehung eine so große Bedeutung erfährt, liegt darin, daß Körpersprache eben diese Beziehung stärkt. Es liegt auf der Hand, daß Sie Ihrem Kind um so näher sind, je besser Sie es verstehen. Wenn Eltern nicht richtig verstehen, was ihr Kind ihnen verbal oder nonverbal sagt, entwickeln sich in der Folge Frustration und sogar Wut. Frauen mit einer Wochenbettdepression berichten beispielsweise oft, daß sie nicht sagen können, was ihr Baby von ihnen verlangt, und sich nicht in der Lage fühlen, damit umzugehen. Eine gute Kommunikation hilft Eltern und Kindern, sich einander vertrauter zu fühlen und eine innigere und stärkere Beziehung zu entwickeln.

Dieses Buch wirft einen Blick auf die verschiedenen Arten nonverbaler Kommunikation, deren sich Ihr Kind bedient, und wie jede von ihnen ihre Rolle in der Beziehung zu Ihnen spielt. Sie lernen, den Blick für das „Lesen“ der Körpersprache Ihres Kindes zu schärfen und die typischen Botschaften, die in den jeweiligen Alters- und Entwicklungsstufen vermittelt werden, zu empfangen. Das Buch behandelt auch die Deutung der Körpersprache Ihres Kindes, wenn bei ihm irgend etwas schief läuft, und gibt Ihnen Rat, wie Sie Ihrem Kind dabei helfen können, seine Körpersprache auch im Umgang mit anderen Kindern besser einzusetzen.

TEIL I

ES GEHT LOS!

1.
Zur Einstimmung auf die Körpersprache Ihres Kindes

Für den Anfang

Die nonverbale Kommunikation Ihres Kindes zu verstehen ist nicht schwer – Sie müssen nur gut hinschauen und wissen, worauf zu achten ist. Obwohl Sie die Körpersprache Ihres Kindes ohnedies ständig unbewußt aufnehmen – etwa wenn es weint oder lacht, lächelt oder die Stirn runzelt, schmollt oder strahlt – gibt es immer noch eine Menge Zeichen, die Ihnen entgehen, weil sie nicht so offensichtlich sind, etwa eine tiefe oder flache Atmung, ein grader Rücken oder eingefallene Schultern. Daher ist es notwendig, sich auf Körpersprache einzustimmen. Es bedarf nur ein wenig Übung.

Die wichtigsten Fähigkeiten

Die folgende Aufstellung zeigt die wichtigsten Fähigkeiten, die Sie zur genauen und scharfsichtigen Interpretation der Körpersprache Ihres Kindes benötigen.

Fähigkeit	**Bedeutung**
Wissen	Das Verständnis für Körpersprache erfordert ein Hintergrundwissen über die wichtigsten Komponenten nonverbaler Kommunikation und wie diese im allgemeinen von Kindern eingesetzt werden. Sie wissen bereits eine Menge darüber. Ihre Grundkenntnisse der Körpersprache lassen sich jedoch möglicherweise verbessern.
Beobachtung	Ohne die Fähigkeit, genau auf Gesten Ihres Kindes zu achten, werden Sie die Körpersprache nicht entschlüsseln können. Je besser Sie einen Menschen kennen, desto stärker nehmen Sie sein Verhalten als gegeben hin – gewöhnen Sie sich daher daran, mehr Zeit mit der Beobachtung dessen zuzubringen, was Ihr Kind wirklich tut.
Offenheit	Es ist nur natürlich, die jeweilige Bedeutung der Handlungen Ihres Kindes auf der Grundlage Ihres Vorwissens über seine Person zu beurteilen. Diese vorgefaßten Ansichten können Ihre Interpretation seines Verhaltens jedoch einschränken. Seien Sie offen für die Vorstellung, daß die Bedeutung seiner Körpersprache Sie überraschen könnte.

Verifizierung — Es ist keine Zauberei, Körpersprache zu verstehen. Der einzige Weg sicherzugehen, daß Ihre Interpretation richtig ist, liegt in einer Nachprüfung, etwa indem Sie Ihr Kind fragen. Sagen Sie ihm, was seine Körpersprache Ihrer Ansicht nach bedeutet, und fragen Sie es dann, ob es mit Ihnen übereinstimmt.

Flexibilität — Das Studium nonverbaler Kommunikation ist keine exakte Wissenschaft. Weiter unten in diesem Kapitel erfahren Sie, wie die gleiche Handlung abhängig von den Umständen unterschiedliche Bedeutung haben kann. Bei der Interpretation der Körpersprache Ihres Kindes müssen Sie daher flexibel sein.

Praktische Übungen

In diesem Abschnitt zeigen wir Ihnen einige kleine Beobachtungsübungen, die Ihnen helfen, die oben beschriebenen entscheidenden Fähigkeiten zu vervollkommnen. Diese kurzen Übungen ermöglichen Ihnen auf unterhaltsame Art, sich ein Bild von Ihrer Wahrnehmungsgabe zu machen.

Bei jeder dieser Übungen müssen Sie die beteiligten Personen genau betrachten und deren Gedanken, Gefühle und Verhalten einschätzen. Da Sie lediglich hinschauen und nicht hinhören, werden Sie Ihr Urteil ausschließlich auf die Signale der Körpersprache stützen können.

Schreiben Sie bei Ihren Beobachtungen auf, was jede Person in ihrer Körpersprache „sagt“ und welches Mittel nonverbaler Kommunikation dabei eingesetzt wurde. Tun Sie dies, bis Sie über eine kurze Liste an Punkten verfügen, von denen Sie meinen, daß sie mittels Körpersprache übertragen wurden.

Stummes Fernsehen

Nehmen Sie Ihren Videorecorder, und zeichnen Sie eine zehnminütige Sequenz aus einer Ihrer Lieblingsserien im Fernsehen auf. Spielen Sie diese Sequenz in einem ruhigen Augenblick und bei abgeschaltetem Lautsprecher nochmals ab, so daß lediglich die Handlung zu erkennen ist. Schreiben Sie unter Einsatz der oben beschriebenen Fähigkeiten auf, was die Handelnden einander mitzuteilen scheinen.

Nach Abschluß dieser Übung spielen Sie das Video abermals ab, diesmal jedoch mit eingeschaltetem Ton. Vergleichen Sie Ihre Notizen über den „Stummfilm" mit dem, was die Darsteller einander tatsächlich sagen. Wie genau war Ihre Interpretation der Körpersprache?

Alltag auf der Straße

Der Alltag verläuft gewöhnlich so hektisch, daß oft wenig Zeit bleibt, einfach dazusitzen und die Dinge an sich vorüberziehen zu lassen. Dabei läßt sich so viel lernen, wenn man genau hinsieht. Suchen Sie sich einen Fensterplatz in einem Café oder Restaurant, das an einer belebten Straße gelegen ist, und beobachten Sie einfach die Vorübergehenden, ganz gleich, ob es sich um Einzelpersonen, Paare oder Gruppen handelt. Bemühen Sie sich, ihre Körpersprache zu lesen. Versuchen Sie, die Qualität und die Art der Beziehungen einzuschätzen, die Sie wahrnehmen, und was die Menschen einander möglicherweise mitteilen. Bedauerlicherweise können Sie die Genauigkeit Ihrer Beobachtungen diesmal nicht nachprüfen – aber Sie werden sehen, es macht großen Spaß!

Im Park

Familienleben läßt sich am besten in der Freizeit und in Muße beobachten, da dann die Beteiligten (hoffentlich) entspannt sind und Zeit für das Miteinander haben. Gehen Sie mit Ihrem Kind in den Park, und setzen Sie sich auf eine Bank, während es spielt. Schauen Sie sich um und betrachten Sie die verschiedenen Familien, die ebenfalls da sind. Beobachten Sie, wie nahe die Erwachsenen einander stehen, wieviel Körperkontakt es zwischen einem Kind und seinen Eltern gibt und welche Art der Körpersprache verwendet wird. Denken Sie darüber nach, wie sich diese Beobachtungen mit Ihrer Familie vergleichen lassen.

Zu Hause

Hat Ihr Kind ein befreundetes Kind bei sich zu Besuch, oder spielt es mit einem Bruder oder einer Schwester, so setzen Sie sich unauffällig in denselben Raum, vorzugsweise in eine Ecke, wo Ihre Gegenwart nicht sofort wahrgenommen wird. Versuchen Sie, nicht darauf zu hören, was die beiden tatsächlich sagen – Musik über einen Walkman kann dabei helfen – und beobachten Sie die Kinder beim Spiel. Je jünger Ihr Kind ist, desto deutlicher wird seine Körpersprache sein. Schauen Sie, wie die Kinder miteinander umgehen, und achten Sie besonders auf ihre nonverbale Kommunikation.

Wissen über Körpersprache

Ob Sie es glauben oder nicht: Psychologen haben fast eine Million verschiedener nonverbaler Signale identifiziert! Obwohl dies bedeutet, daß die Wissenschaft von der Körpersprache sehr komplex und nuancenreich ist und es eine Menge zu lernen gibt, wie in den folgenden Kapiteln noch gezeigt wird, gibt es dennoch einige sehr grundlegende Aspekte der Körpersprache Ihres Kindes, die Sie bei jeder der oben beschriebenen Einstimmungsübungen sofort wahrnehmen sollten.

Hier folgen für den Anfang einige der offensichtlicheren Aspekte, auf die geachtet werden sollte.

Blickkontakt. Wenn Ihr Kind ängstlich ist oder sich wegen irgend etwas schuldig fühlt, ist es nicht in der Lage, Ihnen direkt in die Augen zu schauen. Es wird statt dessen überall hinschauen, nur nicht in Ihr Gesicht. Erzählt es ihnen dagegen etwas, über das es glücklich ist, wird sein Blick dem Ihren auch nicht ansatzweise ausweichen.

Atmung. Die Atmung sagt eine Menge über die Gefühle Ihres Kindes. Bei näherer Betrachtung seiner Atmung werden Sie beispielsweise einen Unterschied wahrnehmen, wenn es wütend und aufgeregt ist (kurze, dicht aufeinanderfolgende Atemzüge) und wenn es schläft (lange Atemzüge in größeren Abständen).

Distanzverhalten. Der räumliche Abstand zwischen Ihnen und Ihrem Kind während einer normalen Unterhaltung beträgt gewöhnlich zwischen 45 und 60 Zentimeter. Ein größerer Abstand kann darauf hindeuten, daß es böse ist – ebenso, wenn Ihr Kind hinausgeht, um nicht mit Ihnen im selben Raum zu sein. Ein geringerer Abstand könnte dagegen bedeuten, daß es wütend ist, etwa wenn es sein Gesicht plötzlich ganz nahe an Ihres heranbringt.

Arm- und Handbewegungen. Wenn ein Kind einen Wutanfall bekommt, wird es wahrscheinlich kräftig die Fäuste ballen und an die Schläfen pressen. Fühlt es sich entspannt und glücklich, schwingen Arme und Hände vermutlich locker an den Seiten. Rasche Arm- und Handbewegungen weisen darauf hin, daß dem Kind etwas Angst macht.

Haltung. Steht Ihr Kind vornübergeneigt, mit hängenden Schultern und gebeugtem Kopf, so fühlt es sich vielleicht elend oder gar beschämt. Die umgekehrte Botschaft wird vermittelt, wenn es aufrecht und erhobenen Hauptes dasteht, so daß es grade nach vorn schaut.

Mimik. Die meisten Formen des Gesichtsausdrucks haben eine klare Bedeutung: Stirnrunzeln deutet auf Furcht, Besorgnis oder Verwirrung hin; ein Lächeln zeigt Glücklichsein; blitzende Augen sagen Ihnen, daß sich Ihr Kind selbstsicher fühlt, und eine zitternde Unterlippe ist das Zeichen bevorstehender Tränen. Mit einer Grimasse teilt Ihr Kind Ihnen mit, daß es nicht einverstanden ist oder Schmerzen hat.

Beweglichkeit. Sobald sich Ihr Kind sicher auf den Beinen hält und laufen kann, wird es Körperbewegungen ausdrucksstark einsetzen. So wissen Sie beispielsweise, was es Ihnen sagen möchte, wenn es Ihnen mitten im Gespräch plötzlich den Rücken zukehrt oder zur Tür rennt und heftig dagegentritt! Und wenn es sich an Sie schmiegt, sagt es Ihnen, daß es sich bei Ihnen wohl fühlt.

Weitere Faktoren

Ob Sie die Körpersprache Ihres Kindes tatsächlich verstehen hängt auch von anderen Faktoren ab. Es ist wichtig, sich dieser Faktoren bewußt zu sein.

Die äußeren Gegebenheiten, in denen Ihr Kind nonverbale Kommunikation einsetzt, beeinflussen die übertragene Botschaft. Nehmen Sie zum Beispiel das Lachen. Gluckst ein fünfjähriges Kind laut vor sich hin, so würden Sie dies normalerweise als Fröhlichkeit interpretieren. Nehmen wir aber einmal an, es lacht über einen anderen, etwa über seinen Bruder, der gestolpert und hingefallen ist, so würden Sie dies vielleicht als Abneigung gegen den Bruder auslegen. Oder nehmen wir an, Ihr Kind würde lachen, während alle übrigen Kinder darum herum weinen, so würden Sie vielleicht vermuten, daß sein Lachen etwas anderes ist als Fröhlichkeit.

Der Kontext nonverbaler Kommunikation spielt daher eine Rolle und beeinflußt die jeweilige Bedeutung. Ihre Interpretation sollte also die äußeren Umstände berücksichtigen, in welche die Körpersprache eingebettet ist. Dies hilft Ihnen dabei zu verstehen, was Ihnen Ihr Kind jeweils vermitteln möchte.

Als Teil eines Gesamtverhaltens kann jede Dimension von Körpersprache eine andere Bedeutung annehmen.

Stirnrunzeln beispielsweise kann bedeuten, daß Ihr Kind Ihnen sagt: „Hilf mir. Ich mag das nicht." Wird der gleiche Gesichtsausdruck jedoch von Zeichen der Nervosität begleitet, etwa kräftigem Händeringen, häufigem Blinzeln und Schlucken, so kann die nonverbale Botschaft bedeuten: „Hilf mir, ich habe Angst." Dies ist weit von der eigentlichen Bedeutung des Stirnrunzelns entfernt. Manchmal kann das Stirnrunzeln Ihres Kindes auch von einem Kratzen am Kopf und einem leichten Über-das-Kinn-Streichen begleitet sein. In diesem Fall sagt ihnen die Körpersprache vielleicht: „Hilf mir. Ich bin verwirrt und weiß nicht, was ich hier tun soll."

Wenn Sie nun die Körpersprache Ihres Kindes deuten wollen, werden Sie vielleicht versucht, sich jeweils nur auf eine Geste zu konzentrieren, da dies am leichtesten fällt. Dann werden Sie nicht genau verstehen, was Ihr Kind eigentlich mitteilen möchte. Halten Sie statt dessen einen Augenblick oder zwei inne, bevor Sie interpretieren, und denken Sie über alle anderen, gleichzeitig wirkenden Aspekte der Körpersprache nach, und entschlüsseln Sie dann die gesamte Anordnung von Gesten als Ganzes.

Ihr Hintergrundwissen über Ihr Kind enthüllt Ihnen ebenfalls eine Menge, da Sie eine bessere Vorstellung von der Bedeutung spezieller Gesten haben. So werden Sie beispielsweise wissen, wie Ihr Kind dasteht, welche Tonlage und welchen typischen Gesichtsausdruck es hat, wenn es aufgeregt ist. Sie haben dieses spezielle Muster viele Male gesehen, und es fällt Ihnen nicht schwer, seine Bedeutung zu verstehen.

Wann immer Ihr Wissen über die Körpersprache Ihres Kindes mit den typischen Formen von Körpersprache in bezug auf Kinder seiner Altersgruppe in Widerspruch gerät, folgen Sie Ihrem Wissen. Mit anderen Worten: Akzeptieren Sie die Individualität Ihres Kindes und seine Art des nonverbalen Ausdrucks. Machen Sie sich keine allzu großen Sorgen darüber, daß die anderen Kinder sich auf andere Weise ausdrücken. Verwenden Sie Ihre früheren Erfahrungen mit Ihrem Kind, um genau zu verstehen, wie es sich fühlt und was es Ihnen sagen möchte.

Kulturelle Unterschiede im Ausdruck und in der Interpretation von Körpersprache sollten nicht außer acht gelassen werden. Es lohnt sich. Psychologische Studien haben gezeigt, daß eine hochgezogene Augenbraue hierzulande für Irritation und Verwirrung spricht, während sie in Thailand Unglücklichsein bedeutet. In Japan dient der Gesichtsausdruck nur selten der Übermittlung negativer Gefühle. Menschen aus dem Mittleren Osten neigen während einer Unterhaltung stärker zu Blickkontakt als Menschen hierzulande oder in Nordamerika. Amerikanische Eltern berühren ihre Kinder häufiger als japanische Eltern.

Selbst grundlegende Grußformen unterscheiden sich von Land zu Land. Westeuropäer neigen zum Händeschütteln oder auch nur zu einem formlosen Zunicken, wenn sie sich begegnen. Lateinamerikaner ziehen es vor, sich zu umarmen und sich dabei gleichzeitig auf den Rücken zu klopfen. In China besteht die Begrüßung überwiegend in einer steifen Verbeugung. Dies gilt auch für andere ostasiatische Länder. Inder grüßen, indem sie beide Hände mit nach oben weisenden Fingern flach aneinander legen und leicht den Kopf neigen. Versuchen Sie bei Ihrer nächsten Auslandsreise, weitere Beispiele nonverbaler Kommunikation aufzuspüren, die sich von Ihrer unterscheidet.

Sich verstellen, um zu verbergen

Vielleicht machen Sie sich Gedanken darüber, daß Ihr Kind seine Körpersprache verstellen könnte, um seine wahren Gefühle zu verbergen. Obwohl dies theoretisch möglich ist – mit genügend Zeit und Übung kann jeder von uns seine Körpersprache verstellen – ist es dennoch äußerst unwahrscheinlich. Vor allem Kinder haben eine viel offenere und direktere Körpersprache als Erwachsene, und dies macht es ihnen noch schwerer, ihre nonverbale Kommunikation künstlich zu verformen.

Die Körpersprache kann man nur verfälschen, wenn dies vollständig gelingt. Mit anderen Worten: Jede Komponente der Körpersprache muß in schlüssiger Weise falsch sein, damit die beabsichtigte Botschaft empfangen wird. Die sechsjährige Martha beispielsweise ist betroffen darüber, daß sie nicht zu der Feier ihrer Freundin eingeladen wurde, möchte ihren Eltern jedoch nicht zeigen, daß sie traurig ist. Um dabei mittels der Körpersprache ihre wahren Gefühle zu verbergen, muß sie nicht nur lächeln und ihre Tränen zurückhalten, sondern auch noch einen guten Blickkontakt halten, wenn die Sprache darauf kommt. Ihre Stimme muß einen leichten, beschwingten Klang haben, und sie muß sichergehen, daß ihre Schultern nicht herabhängen und daß sie nicht nervös mit den Fingern spielt. Und dann muß sie dies auch noch den ganzen Tag lang als in sich geschlossenes Verhalten durchstehen. Wahrscheinlich kann Martha diese Fassade aber nicht einmal für ein paar Minuten, geschweige denn mehrere Stunden lang aufrechterhalten. Aufmerksame Eltern würden diese falsche nonverbale Botschaft rasch durchschauen.

Bisweilen mögen Sie jedoch das Gefühl haben, daß Ihr

Kind Ihnen gemischte Botschaften vermittelt – Sie spüren, daß etwas nicht stimmt, auch wenn Ihr Kind das Gegenteil behauptet. Denken Sie immer daran, daß Körpersprache ein „kommunikatives Leck“ bildet, und stellen Sie sich darauf ein, etwas genauer nachzuforschen, wenn Sie sich Sorgen darüber machen, daß Ihr Kind Ihnen seine wahren Gefühle nicht zeigt.

Körpersprache positiv einsetzen

Obwohl Eltern nicht wollen, daß ihr Kind die Körpersprache verfälscht, um seine Gefühle zu verbergen, läßt sich Körpersprache dennoch für einen guten Zweck bewußt verändern. Es mag Gelegenheiten geben, bei denen Ihr Kind seine nonverbale Kommunikation zielgerichtet einsetzen kann, um seine Beziehung zu anderen Menschen zu intensivieren und bessere Erfahrungen zu machen.

Wie Sie in einem der folgenden Kapitel dieses Buches erfahren werden, gibt es verschiedene Körperhaltungen, die Freundlichkeit und Offenheit ausdrücken. Denken Sie an Ihr eigenes Verhalten, wenn Sie Menschen treffen, die Sie kennen und mögen: Sie lächeln sie an, rücken angemessen nahe an sie heran, vielleicht etwa 45 bis 60 Zentimeter, halten regelmäßigen und langen Blickkontakt, nicken bestätigend, wenn sie Ihnen das Neueste aus ihrem Leben erzählen und atmen ruhig und gleichmäßig. Diese sozial positiv besetzten Verhaltensweisen können Sie mit Ihrem Kind zu Hause einüben. Sie erhöhen damit die soziale Kompetenz. Und vielleicht werden Sie feststellen, daß Ihr Kind bei anderen beliebter wird.

Ähnliches gilt für die nonverbalen Signale, die Fürsorge

und Sensibilität ausdrücken. Beobachten Sie jemanden, der sich fürsorglich um einen anderen Menschen in Not kümmert. Zwischen den beiden besteht Nähe, die fürsorgende Person wird einen mitfühlenden Gesichtsausdruck haben, mit ruhiger Stimme sprechen, sorgende Gesten vollführen, etwa indem der oder die Betreffende sanft die Hand auf den Arm des anderen legt und zu den Worten der anderen Person aufmunternd nickt. Auch diese Komponenten der Körpersprache und ihre Bedeutung können Sie mit Ihrem Kind einüben, um seine Beziehung zu anderen Menschen zu stärken.

Der positive und bewußte Einsatz von Körpersprache auf diese Weise ist nichts Falsches. Hier sollen ja nicht die wahren Gefühle verborgen werden, sondern gerade den anderen bewußt mitgeteilt werden. Eine solche Körpersprache verstärkt die Botschaft, die durch das gesprochene Wort übermittelt wird. In Kapitel 7 werden Sie erfahren, wie Sie diese Technik einsetzen können, um die soziale und emotionale Entwicklung Ihres Kindes zu fördern.

Wie Sie die Körpersprache Ihres Kindes verstehen können

Die folgende Anleitung hilft Ihnen, die Körpersprache Ihres Kindes zu verstehen und beinhaltet viele der zuvor besprochenen Punkte. Sie garantiert nicht bei jeder Gelegenheit exakte Interpretationen, kann Ihnen jedoch einen Ausgangspunkt liefern.

Es soll Spaß machen. Wenn Sie dies alles zu ernst nehmen, schaffen Sie sich selbst nur Probleme. Mit zunehmendem Verständnis für die Körpersprache Ihres Kindes wird natürlich auch die Beziehung zwischen Ihnen und Ihrem Kind stärker – das ist jedoch ohnehin der Fall. Um seine Körpersprache zu verstehen, ist Spaß wichtiger als Ernst.

Bringen Sie, falls möglich, alle paar Tage eine gewisse Zeit damit zu, Ihr Kind einfach nur bei den Dingen, die es täglich tut, zu beobachten. Es geht zwar schneller, auf seine gesprochene Sprache zu hören als auf seine Körpersprache zu achten, Sie benötigen jedoch täglich nur ein paar Minuten, um seinen Gesichtsausdruck und seine Körperbewegungen zu beobachten.

Achten Sie auf Bewegungsabläufe und einzelne Gesten. Eine Geste Ihres Kindes, etwa daß es sich mit der flachen Hand an den Kopf klopft, kann von Verwirrung bis Langeweile alles bedeuten. Und doch kann diese Geste abhängig von der übrigen Körpersprache auch auf etwas ganz anderes hinweisen. Achten Sie also darauf, was Ihr Kind gleichzeitig noch tut, das erhöht die Genauigkeit Ihrer Interpretation.

Interpretieren Sie die Körpersprache in jeweils unterschiedlicher Umgebung. Vielleicht stellen Sie fest, daß Ihr Kind im Umgang etwa mit Ihnen und im engen Freundeskreis jeweils verschiedene Gesten verwendet. Je genauer Sie es beobachten, desto genauer werden Sie den vollen Umfang seiner Körpersprache erfassen.

Versuchen Sie Ihre Interpretation zu bestätigen. Sie mögen sich beispielsweise aus der nonverbalen Kommunikation Ihres Kindes herleiten, daß es sich fürchtet oder unsicher ist. Sind Sie erst einmal zu diesem Schluß gekommen, fragen Sie es behutsam, ob es sich tatsächlich so fühlt. Auf diese Weise können Sie feststellen, ob Ihre Interpretation richtig ist oder nicht.

Denken Sie stets daran, daß jeder von uns Körpersprache einsetzt. Erwachsene und Kinder senden und empfangen ununterbrochen nonverbale Botschaften – und haben in diesen Fertigkeiten kein besonderes Training erfahren. Es spricht daher manches dafür, daß Ihnen die Interpretation von Körpersprache besser gelingt, als Sie denken.

Beobachten Sie Ihr Kind beim Rollenspiel. Ein kleines Kind macht Rollenspiele oder verkleidet sich, um seine Gefühle auszudrücken und Spaß zu haben, und dies kann eine weitere Quelle nonverbaler Kommunikation sein. Spielt es zum Beispiel einen Erwachsenen, der den Chef herauskehrt, so könnte es Ihnen damit auf seine Weise sagen wollen, daß es Sie für zu dominant hält.

Versuchen Sie, die Gesten Ihres Kindes selbst nachzufühlen. So können Sie sehr gut Verständnis für seine nonverbale Kommunikation entwickeln. Nehmen wir an, Sie sehen, wie Ihr Kind sich an der Wange kratzt und mit dem Fuß in rascher Folge auf den Boden klopft, wissen jedoch nicht, was es bedeutet. Imitieren Sie diese Bewegungen, und schauen Sie, wie Sie sich dabei fühlen.

Fragen Sie in Zweifelsfällen andere, was sie über die Bedeutung der Körpersprache Ihres Kindes denken. Es ist leichter, andere Kinder objektiv zu beobachten, als die eigenen. Es könnte sich für Sie als hilfreich erweisen, jemand anderen um seine Interpretation der Körpersprache Ihres Kindes zu bitten, um Ihre eigenen Vorstellungen zu stützen.

Machen Sie sich Ihre eigene Körpersprache bewußt. Sehr wahrscheinlich wird Ihr Kind Ihr Verhalten und Ihre nonverbalen Gesten nachahmen – seien Sie daher nicht überrascht, wenn es einen Gesichtsausdruck aufsetzt, den Sie als einen der Ihren erkennen. Und wenn Sie diese Mine beispielsweise aufsetzen, wenn Sie aufgeregt sind, so wird sich auch Ihr Kind dieses Gesichtsausdrucks bedienen, um seine Aufregung auszudrücken.

Zusammenfassung

Die Technik, die Körpersprache Ihres Kindes zu verstehen, ist kein Geheimnis. Die wichtigsten Aspekte umfassen das Grundwissen über die Hauptdimensionen nonverbaler Kommunikation, Beobachtungsgabe und Flexibilität bei der Interpretation. Üben Sie diese Fertigkeiten beim Fernsehen oder beim Beobachten von Menschen auf der Straße. Die Komponenten der Körpersprache beinhalten den Gesichtsausdruck, die Haltung, das Distanzverhalten, die Atmung und Bewegung.

Der Kontext, in dem nonverbale Kommunikation vorkommt, beeinflußt auch deren Bedeutung. Beim Betrachten der Körpersprache Ihres Kindes ist es besser, Bewegungsabläufe statt einzelner Gesten zu beobachten, da sich die Bedeutung einer speziellen Geste in Verbindung mit anderen Gebärden wandeln kann. Körpersprache wird in verschiedenen Kulturen oft unterschiedlich eingesetzt. Es ist unwahrscheinlich, daß ein Kind seine Körpersprache bewußt verstellt, es kann jedoch dazu ermutigt werden, nonverbale Kommunikation bewußt in positiver Weise einzusetzen, um seine sozialen Bindungen zu anderen Kindern zu stärken.

TEIL II

KÖRPERSPRACHE IM BABY- UND KLEINKINDALTER (0–2 JAHRE)

2.
Was Ihr Baby Ihnen sagt

Zur Kommunikation geboren

Jedes Baby hat ein angeborenes Bedürfnis zu kommunizieren und mit den Menschen seiner Umgebung in Beziehung zu treten. Es ist, als käme es bereits entsprechend vorprogrammiert auf die Welt, um genau dies zu tun. Der Beweis dafür ergibt sich aus der Forschung, die zeigt, daß Babys mit einer beeindruckenden Palette an Fähigkeiten des Sensoriums und der Wahrnehmung zur Welt kommen, welche es ihnen ermöglicht, die Kommunikation mit anderen Menschen aufzunehmen.

Das Sehen. Bereits wenige Stunden nach der Geburt kann ein Baby das Gesicht seiner Mutter von dem einer fremden Person unterscheiden. Eine weitere Untersuchung zeigte, daß neun Minuten alte Babys, denen das Bild eines normalen Gesichts und ein Bild mit verschobenen Gesichtsstrukturen, etwa mit den Augen an der Stelle der Nase etc. gezeigt wurde, genauer auf das normale Gesicht schauen. Auch können Neugeborene zwischen den Farben Rot, Grün, Gelb und Blau differenzieren und den Unterschied zwischen Zeichnungen mit einem Dreieck, einem Kreuz, einem Kreis bzw. einem Viereck erkennen.

Der Klammerreflex. Legen Sie Ihren Finger in die Handfläche Ihres Neugeborenen, und Sie werden feststellen, daß seine Finger ihn mit so festem Griff umschließen, daß Sie es in eine sitzende oder stehende Position aufrichten können.

Das Greifen. Ein Neugeborenes greift zielgerichtet nach Gegenständen, die ihm vorgelegt werden, obwohl seine Hand beim Berühren des Gegenstandes noch geschlossen sein mag. In einer neueren Studie erhielten Babys spezielle Brillen, die ihnen Objekte in ihrer Reichweite vorgaukelten. Sie griffen nach diesen Trugbildern und weinten, wenn sie sie nicht zu fassen bekamen.

Berührungs- und Gleichgewichtssinn. Kurz nach der Geburt reagiert ein Baby in verschiedener Weise auf Bürsten mit Borsten verschiedenen Durchmessers. Es spricht auch auf Luftbewegungen an, die so leicht sind, daß sogar ein Erwachsener Schwierigkeiten hätte, sie wahrzunehmen. Obwohl sein Gleichgewichtssinn noch nicht gut entwickelt ist, wird dem Baby übel, wenn es allzu schnell herumgewirbelt wird. Und bringt man es in eine unbequeme Stellung, so wird es versuchen, seinen Kopf aufzurichten.

Geruchs- und Geschmackssinn. Kleine Babys zeigen unterschiedliche Gesichtsausdrücke, wenn sie die Geschmacksqualitäten Süß, Sauer oder Bitter wahrnehmen. Die Mimik entspricht hierbei der von Erwachsenen. Auch die Fähigkeit zu riechen ist schon bald nach der Geburt vorhanden. Ein Baby zeigt einen positiven Gesichtsausdruck bei fruchtigem Geruch und Zeichen der Abneigung bei fischigem Geruch. Untersuchungen haben ebenfalls gezeigt, daß sich ein Neugeborenes dem Geruch eines Büstenhalters zuwendet, den seine Mutter getragen hat, bei dem Büstenhalter einer anderen Frau jedoch nicht reagiert.

Das Hören. Ein Neugeborenes schreit, wenn es ein anderes Neugeborenes schreien hört, und es hört damit auf, wenn man ihm ein Tonband mit seinem eigenen Schreien vorspielt. Dies legt die Vermutung nahe, daß Babys ein Schreien von einem anderen unterscheiden können. Ferner zieht es den Laut der menschlichen Stimme jeder anderen Art von Lauten vor und hat eine besondere Präferenz für die Stimme seiner Mutter. Ein Neugeborenes kann auch zwischen dem Geräusch eines Summers und einer Rassel unterscheiden.

Körpersprache als einziger Weg

Mit diesen elementaren angeborenen Fähigkeiten ist Ihr Baby bereit, sich unmittelbar mit Ihnen zu verständigen. Diese Kommunikation muß jedoch nonverbal stattfinden, weil es ganz einfach noch nicht sprechen kann. Es kann schreien, wimmern, lachen, glucksen und mit Armen und Beinen rudern, wenn auch noch nicht sehr kontrolliert und gezielt. Es kann sich umherwinden und hat ein breites Spektrum an Gesichtsausdrücken. Es kann starr blicken, greifen, sich abwenden – kurz: Es kann mittels seines Körpers auf viele verschiedene Weisen mit Ihnen kommunizieren. Aber es kann nicht sprechen. Ihre Fähigkeit, die Körpersprache des Babys zu verstehen, ist daher zwingend erforderlich, wenn Sie sich richtig mit ihm verständigen wollen.

Schreien

Alle Eltern stimmen darin überein, daß Schreien eine unmittelbare und die wirksamste Art der Kommunikation Ihres Babys ist. Dies überrascht nicht, wenn man davon ausgeht, daß Babys einen wesentlichen Teil ihrer Zeit – mindestens zwei Stunden am Tag – damit verbringen. In den ersten drei Lebensmonaten schreien Babys am häufigsten, dann allmählich weniger, bis sie im Alter von einem Jahr weniger als eine Stunde täglich schreien.

Auch Ihr Baby wird wie die meisten in den frühen Abendstunden das gesamte Haus zusammenbrüllen, meistens dann, wenn Sie und Ihre Familie versuchen, zur Ruhe zu kommen und nach einem harten Tag zu entspannen. Eine überraschend hohe Anzahl von Babys schreit konstant, obwohl es dafür keinen einleuchtenden Grund zu geben scheint. Falls auch Ihr Baby zu dieser Gruppe gehört, seien Sie beruhigt, es ist nicht das einzige. Glücklicherweise wird sich dies allmählich auswachsen und im Laufe der Entwicklung Ihres Babys in andere, differenziertere Formen der nonverbalen Kommunikation übergehen. In der Zwischenzeit hilft es Ihnen jedoch, wenn Sie verstehen, was sein Schreien jeweils bedeutet.

Das Schreien Ihres Babys hat verschiedene Bedeutungen, und jede Art des Schreiens übermittelt Ihnen eine eigene Botschaft. Indem Sie Ihr Baby kennenlernen, stimmen Sie sich auf sein Schreien ein und lernen, in einer Weise zu reagieren, die es beruhigt. Denken Sie daran, daß es nie um des Schreiens willen schreit – es gibt immer einen Grund dafür. Schreien ist stets auf körperliches oder seelisches Unwohlsein zurückzuführen. Beispiele für normales Schreien werden im folgenden beschrieben.

Der Schrei: „Ich will gefüttert werden!" Ihr Baby fängt zu schreien an, wenn es hungrig ist. Dieses Schreien, das Ihnen sagt, daß es Nahrung haben möchte, folgt einem wiederholten Ablauf, bei dem es schreit und dann einen Augenblick lang Pause macht, um Atem zu holen, dann wieder schreit, Pause macht, um Luft zu holen etc.
Lösung: Füttern Sie Ihr Baby, bis es satt ist.

Der Schrei: „Meine Windel ist voll!" Ihr Baby will eine saubere und trockene Windel. Der Schrei, der aus dem Unbehagen über eine schmutzige Windel hervorgeht, beginnt leise und wird dann immer lauter und lauter. Sie werden auch sehen, daß es sich in seinem Bettchen hin und her windet.
Lösung: Schauen Sie sich seine Windel an – vermutlich braucht es eine frische.

Der Schrei: „Mir tut etwas weh!" Jedes Baby schreit, wenn es Schmerzen hat. Diese Art des Schreiens ist

schrill und spitz, fast wie ein Kreischen, dann schnappt es nach Luft, und dann geht das Kreischen weiter.
Lösung: Versuchen Sie herauszufinden, was Ihrem Baby weh tut.

Der Schrei: „Unterhalt mich, ich langweile mich!" Babys brauchen Anreize, und die Langeweile setzt ein, wenn sie sie nicht bekommen. Diese Art des Schreiens dient dazu, Ihre Aufmerksamkeit zu erregen. Es ist eher ein Rufen als ein Schreien, und das Baby schreit so lange, wie es sich langweilt.
Lösung: Spielen Sie mit ihm, singen Sie ihm etwas vor, oder lesen Sie ihm eine Geschichte vor.

Der Schrei: „Wieg mich in den Schlaf!" Wenn es müde ist, wird Ihr Baby unleidlich, auch wenn es sich vielleicht gegen den Schlaf wehrt. Es wimmert gereizt, nickt vielleicht für ein paar Sekunden ein, und Sie bemerken möglicherweise, wie es seine Hände kräftig über Gesicht und Augen reibt.
Lösung: Wiegen Sie Ihr Baby sanft hin und her, bis es schließlich einschläft.

Der Schrei: „Leiste mir Gesellschaft!" Ihr Baby ist gesellig, es möchte Sie stets um sich haben. Wenn es sich einsam fühlt und sich selbst bedauert, ist sein Schreien eher kläglich als laut, als ob es eher traurig als wütend sei.
Lösung: Bleiben Sie wenigstens so lange bei Ihrem Baby, bis es sich wieder beruhigt. Falls Sie etwas zu erledigen haben, ist es eine gute Lösung, sich das Baby in einem Tragetuch umzuhängen und mit dem Aufhängen

der Wäsche oder dem Zubereiten einer Mahlzeit o. ä. fortzufahren.

Der Schrei: „Etwas ist nicht in Ordnung mit mir!"
Schreien ist die einzige Möglichkeit Ihres Babys, um Ihnen mitzuteilen, daß es sich nicht wohl fühlt. Sie müssen daher auch diese Möglichkeit berücksichtigen. Schreien infolge einer Gesundheitsstörung kann ziemlich durchdringend und von trägen Körperbewegungen begleitet sein.
Lösung: Prüfen Sie, ob vielleicht Anzeichen für eine Krankheit zu finden sind. Gehen Sie zum Arzt, falls Sie sich nicht sicher sein sollten.

Warum schreien Babys so oft?

Um ehrlich zu sein: Wissenschaftler wissen nicht, warum Babys ausgerechnet schreien, um sich mitzuteilen, anstatt beispielsweise zu lächeln oder andere nonverbale Bewegungen mit dem Körper zu machen. Schreien ist jedoch effizienter als diese anderen Formen der Körpersprache, und zwar aus folgenden Gründen:

- Schreien funktioniert über große Entfernungen. Während Sie nicht sehen können, ob Ihr Kind Ihnen zulächelt, wenn Sie in einem anderen Raum sind, können Sie sein Schreien hören – und es wird so lange schreien, bis es weiß, daß Sie es gehört haben.
- Schreien ist ein universelles Zeichen für Schmerzen, Kummer und Leid. Aus eigener Erfahrung wissen Sie: Schreien bedeutet, daß etwas nicht in Ordnung ist, und

daher reagieren Sie wahrscheinlich eher auf Schreien als auf jede andere Form der Kommunikation.

- Schreien ist einfach. Ihr Baby kann ohne die geringste Anstrengung schreien, und zwar auch dann, wenn es beispielsweise krank oder erschöpft ist. Lächeln oder das Ausstrecken der Arme hingegen erfordern mehr Nachdenken und eine größere Kontrolle. Schreien ist der leichteste Weg für Ihr Kind.
- Schreien ist eine Vorstufe der Sprache. In etwa einem Jahr wird Ihr Kind seine Stimmbänder dazu benutzen, um Worte statt Schreie hervorzubringen und seine Bedürfnisse auf diese Weise viel effizienter mitteilen können. Inzwischen bildet Schreien seine Stimme aus, die es später für die Sprache benötigt.

Es ist, als wisse Ihr Baby instinktiv, daß Schreien das beste Mittel zur Kommunikation ist und daß es auf diese Weise besser in der Lage ist, Ihre Aufmerksamkeit zu erregen. Sicher verwendet es in seinem ersten Lebensjahr auch andere Mittel der Körpersprache, das Schreien ist jedoch immer die bevorzugte Form.

Alter und Entwicklungsstadium: Formen des Schreiens im ersten Lebensjahr

Alter: 1 Woche	*Beschreibung:* Sie werden feststellen, daß Ihr Baby mit einer fast monotonen Regelmäßigkeit schreit, aber Sie werden bald erfahren, daß seine Schreie in den meisten Fällen sein Verlangen zeigen, zum nächsten Ereignis des Tages, etwa dem Gefüt-

tert- oder Gewickeltwerden oder dem Schmusen, zu gelangen.

Erläuterung: Die Hauptgründe für das Schreien in diesem Alter sind bereits beschrieben worden – sie haben im allgemeinen stets mit einer Form des Unbehagens zu tun, etwa mit Hunger, Durst, Müdigkeit, einer vollen Windel oder Krankheit etc.

Alter: 3 Monate *Beschreibung:* Das Schreien Ihres Kindes in diesem Alter wird Sie sehr beunruhigen, vor allem bei seinen „Veranstaltungen" am frühen Abend. Viele Babys in diesem Alter ziehen beim Schreien ihre Knie eng an den Leib.

Erläuterung: Wenn Sie den Kinderarzt um Rat fragen, wie Ihr Kind zu beruhigen sei, so sagt man Ihnen vielleicht, daß es eine Kolik, das heißt eine sehr schmerzhafte Störung des Magen-Darm-Traktes, hat. Manche Menschen, darunter auch Ärzte und Psychologen, glauben jedoch nicht, daß es eine Erkrankung wie die Kolik bei Säuglingen gibt.

Alter: 6 Monate *Beschreibung:* Es gibt Zeiten, in denen Ihr Kind rundum glücklich ist, und doch bricht es plötzlich und unerwartet, ohne erkennbaren Grund, in Tränen aus. Dies geschieht oft in Anwesenheit von anderen.

Erläuterung: Inzwischen kennt es den Unterschied zwischen einem vertrauten und einem unbekannten Gesicht und „fremdelt". Machen Sie sich wegen dieser Tränen keine Gedanken: Sie gehen in den nächsten Monaten vorüber, wenn das Selbstvertrauen des Kindes wächst.

Alter: 9 Monate *Beschreibung:* Ein Kind in diesem Alter hat eine kurze Reaktionszeit und fährt von einem Augenblick zum anderen aus der Haut. Es schreit aus Wut, weil es nicht erreicht, was es möchte.

Erläuterung: Es nimmt wahr, daß andere Kinder sich frei bewegen können und möchte wie sie sein. Liegt ein Spielzeug also nicht innerhalb seiner Reichweite, wird es wütend, und Tränen der Frustration beginnen zu fließen.

Alter: 12 Monate *Beschreibung:* Seien Sie nicht überrascht, wenn Sie Ihr Baby in Krabbelgruppen oder zu Hause in Gesellschaft anderer Kinder wütend schreien hören.

Erläuterung: Ihr Kind ist gern in Gesellschaft anderer Kinder seiner Altersgruppe, jedoch fehlt ihm noch das Vertrauen. Nähert sich ihm ein anderes Kind, bekommt es Angst und wird weinerlich. Es klammert sich an Sie, während es zu weinen beginnt.

Andere nichtgeformte Laute

Bevor Ihr Baby in der Lage ist, Worte zu bilden, benutzt es sehr zielgerichtete Laute. Wie das Schreien ist dieser frühe Gebrauch von Lauten ein essentieller Bestandteil seiner nonverbalen Kommunikationsfähigkeiten. Es folgt die Aufzählung einiger Stadien der Lautkommunikation, die Ihr Baby durchläuft, wobei sich jedes Stadium stärker der Sprache annähert als das vorangegangene, jedoch noch keine echten Worte artikuliert werden. Dies geschieht frühestens im Alter von etwa einem Jahr.

Lallen. Zwischen zwei und fünf Monaten beginnt Ihr Baby, regelmäßige Laute hervorzubringen, die Ihnen bisweilen den Eindruck vermitteln, als ob es mit Ihnen zu sprechen versucht. Im Gegensatz zur Sprache überträgt Lallen jedoch keine Botschaft, sondern dient in der Regel dazu, Ihre Aufmerksamkeit zu erregen.

Unkontrolliertes Brabbeln. Die Fähigkeit Ihres Kindes, Laute zu bilden, hat zugenommen, vor allem aufgrund neurologischer und physiologischer Weiterentwicklung. Jetzt können seine Laute hoch oder tief, lärmend oder laut, spitz oder sanft sein und ermöglichen ihm ein breites Spektrum an Möglichkeiten. Dieses Brabbeln des typischen sechs Monate alten Kindes ist völlig ungeordnet, obwohl Sie möglicherweise wahrnehmen, daß es andauernd die gleichen Lautketten verwendet. Es bedarf keines großen Anreizes – ein Lächeln von Ihnen oder ein liebevolles Knuddeln genügt, um einen „Redeschwall" auszulösen.

Kontrolliertes Brabbeln. In der zweiten Hälfte seines ersten Lebensjahres erlangt Ihr Baby mehr Kontrolle über sein Brabbeln, und dieses hat mehr Struktur. Bisweilen mögen Sie überzeugt sein, daß es Ihnen etwas Besonderes sagen möchte, wenn Sie es nur verstehen könnten – dies ist das erste echte Anzeichen früher Sprache. Gelegentlich brabbelt es als Spiel und gibt immer wieder die gleichen Laute von sich.

Frühe Sprache. Wenn Ihr Kind zwölf Monate alt ist, hören Sie vielleicht das erste Wort von ihm. Denken Sie daran, daß es sich nicht notwendigerweise anhört, wie die von Ihnen verwendeten Worte. Sein erstes Wort ist lediglich eine erkennbare Lautfolge, die Ihr Baby dauerhaft in gleichen Situationen verwendet, um dieselbe Person oder denselben Gegenstand zu benennen.

Im Laufe der Zeit zwischen der Geburt und dem Alter von zwölf Monaten passiert Ihr Baby spezielle Meilensteine der Lautkommunikation ungefähr in Altersstufen, bei denen sich die folgenden Entwicklungsstufen unterscheiden lassen.

Im Alter von einem Monat wendet Ihnen Ihr Baby den Kopf zu, wenn Sie es ansprechen, oder es wendet sich dem laufenden Radio oder Fernseher zu. In diesem Stadium sind Sie mit seinem Schreien vertraut und in der Lage, die Bedeutung eines jeden Lautes zuverlässig zu bestimmen.

Im Alter von drei Monaten widmet Ihr Kind den Geräuschen aus seiner Umgebung mehr Aufmerksamkeit. Es unterbricht möglicherweise seine Handlungen, um genau hinzuhören. Erkennbare Laute, wie „wi“, „ba“ und „doh“ kommen oft vor.

Ein Kind im Alter von sechs Monaten ist stark an präverbaler Kommunikation interessiert und versucht, Sie in eine Art verbalen Austausch zu verwickeln, obwohl es noch nicht sprechen kann. Bisweilen hört es auf zu brabbeln, um Sie zu Wort kommen zu lassen, als würde es eine normale Unterhaltung mit Ihnen führen. Es bringt ein Spektrum unterscheidbarer Brabbellaute hervor.

Im Alter von neun bis zwölf Monaten verläuft das Brabbeln nach verschiedenen Mustern, die regelmäßig wiederkehren. Das Kind verwendet beispielsweise „nata“, wann immer es einen Hund sieht, oder „baba“ jedesmal dann, wenn es sein Brüderchen oder Schwesterchen sieht. Diese Worte sind für Ihr Kind stimmig, auch wenn sie in Ihren Augen zunächst keinen Sinn ergeben.

Sprechen mit Ihrem Kind fördert die nonverbale Kommunikation

Vielleicht kommen Sie sich dumm vor, wenn Sie mit Ihrem Baby sprechen, weil es Ihnen nicht mit Worten antworten kann oder weil Sie wissen, daß Sie sich auf Ihre Körpersprache verlassen müssen. Und doch stimuliert das Sprechen mit Ihrem Baby seine spätere Sprachentwicklung und die Entwicklung nonverbaler Kommunikationsfähigkeiten, und zwar aus folgenden Gründen:

Sprechen ermutigt das Kind, seine Fähigkeiten zur Kommunikation zu nutzen. Obwohl Ihr Baby nicht wirklich versteht, was Sie ihm sagen, erkennt es, daß Sie mit ihm kommunizieren. Und es freut sich über diese Interaktion trotz der in diesem Stadium entwicklungsbedingten Einschränkungen. In der Folge versucht es noch stärker, nonverbal mit Ihnen zu kommunizieren.

Sprechen als Vorbild zur Nachahmung. Während Sie mit Ihrem Baby sprechen, beobachtet es Ihr Gesicht genau und nimmt nonverbale Dimensionen wahr, wie etwa Ihren Gesichtsausdruck (angespannt oder gelockert), die Stellung Ihres Mundes (offen und lächelnd oder geschlossen und schmal) und Ihre Augen (blitzend oder stumpf). Mit der Zeit wird es beginnen, einige dieser Aspekte nachzuahmen.

Sprechen vermindert die Frustrationen des Babys. Je entspannter Ihr Baby ist, desto eher wird es mit Ihnen auf jede ihm mögliche Weise kommunizieren, das heißt durch Körpersprache. Mit ihm zu sprechen, ihm Geschichten zu erzählen oder etwas vorzusingen – all dies kann ihm helfen, sich entspannt und geborgen zu fühlen und es in eine kommunikativere Stimmung versetzen.

Sie müssen sich also nicht dumm vorkommen. Sprechen Sie ruhig mit Ihrem Baby. Es hilft, die emotionale Bindung zwischen Ihnen zu stärken, während Sie auf sanfte Art seine Fähigkeiten sowohl zu nonverbaler als auch zu verbaler Kommunikation anregen. Zudem macht es das Leben für Sie beide interessanter!

Lächeln, Grimassen und andere Gesichtsausdrücke Ihres Babys

Eine andere grundlegende Form der Körpersprache, deren sich Ihr Baby bedient, ist die Mimik. Sie bekommen auf diese Weise viele Informationen, vor allem, wenn Sie erst einmal die individuellen Ausdrucksformen Ihres Babys kennen.

Verglichen mit älteren Kindern und Erwachsenen unterscheidet sich die Mimik von Babys in zweierlei Hinsicht. Zunächst einmal hat ein Kind im ersten Lebensjahr ein engeres Spektrum an Gesichtausdrücken als im späteren Verlauf der Kindheit. Dies erleichtert Ihnen die Interpretation seines Gesichtsausdrucks, weil es weniger Variationen gibt. Zudem neigt ein Baby weniger dazu, absichtlich einen bestimmten Gesichtsausdruck zu produzieren, um eine bestimmte Reaktion hervorzurufen – sein Gesichtsausdruck ist vollkommen spontan. Mit zunehmendem Alter lernt es, daß gewisse Blicke, wie etwa Stirnrunzeln oder finsteres Dreinschauen, bei anderen Menschen fast immer eine negative Reaktion hervorrufen, während andere Gesichtsausdrücke, etwa ein Lächeln, immer mit einer positiven Reaktion begrüßt werden. In seinem ersten Lebensjahr ist sich ihr Baby dessen jedoch gänzlich unbewußt. Sein Gesichtsausdruck ist daher echter, spontaner und verfolgt nur einen einzigen Zweck: seinen wahren Gefühlen Ausdruck zu verleihen. Und es gibt eine Menge Gefühle, die Ihnen Ihr Baby vermitteln kann, indem es nur die wenigen, ihm zur Verfügung stehenden Ausdrucksformen verwendet.

Gefühl	**Gesichtsausdruck**
Glücklichsein und Vergnügen	Breites Lächeln, blitzende Augen. Wenn Sie das sehen, werden Sie zweifellos wissen, was es bedeutet! Das erste Lächeln tritt gewöhnlich im Alter von sechs Wochen auf und bleibt von da an fester Bestandteil der nonverbalen Kommunikation Ihres Kindes. Lächeln wird in diesem Zusammenhang von lebhaften Arm- und Beinbewegungen begleitet, die heftig genug sind, um beispielsweise die Decke in seinem Bettchen zu verschieben.
Zufriedenheit	Ein kleines Lächeln, entspannte Gesichtsmuskulatur. Vielleicht sehen Sie dies nach dem Füttern auf seinem Gesicht, und es ist ein Zeichen von Zufriedenheit. Entgegen dem breiten Lächeln mit seinen heftigen

	Körperbewegungen ist dieses Lächeln ruhig, und das Baby zappelt dabei nicht mit Armen und Beinen. Der Hunger Ihres Kindes wurde gestillt, und das zeigt sich auf seinem Gesicht.
Ekel und Abneigung	Verzogenes Gesicht, als ob es gerade etwas Saures geschmeckt hätte. Die Forschung zeigt, daß Babys die gleiche Mine aufsetzen wie Erwachsene, wenn sie Abneigung zeigen möchten: Die Muskeln um den Mund und die Augen herum spannen sich. Sie werden es sehen, wenn Ihr Kind etwas schmeckt oder auch nur riecht, das es nicht mag.
Unglücklichsein, Unbehagen und Schmerzen	Der Gesichtsausdruck ist dem Ausdruck von Ekel ähnlich, aber von durchdringendem Schreien begleitet. Innerhalb weniger Tage oder auch nur Stunden werden Sie lernen, dieses Muster nonverbaler Kommunikation zu erkennen, das Ihnen zeigt, daß Ihr Baby unglücklich ist. Versuchen Sie, die Quelle seines Unbehagens festzustellen, und ergreifen Sie dann die notwendigen Maßnahmen, damit es sich wieder wohl fühlt.
Schock und Überraschung	Die Augen sind weit geöffnet, der Mund ist teilweise offen, mit stark angespannten Gesichtsmuskeln. Jedes Baby wird mit einem Schreckreflex (Moro-Reflex) geboren, der zu beobachten ist, wenn man es entweder ganz plötzlich bewegt oder wenn es plötzlich ein Geräusch hört. Zusammen mit dem Öffnen der Hände, einem Durchbiegen des Rückens und dem Zusammenführen der

Arme wird es einen unmißverständlich geschockten Gesichtsausdruck haben.

Furcht	Die Augen sind weit geöffnet, der Mund ist geschlossen, aber angespannt. Forschungsergebnisse legen nahe, daß Babys etwa ab einem Alter von drei Monaten Furcht empfinden. Plötzliche Veränderungen des Umfeldes können bewirken, daß sich Ihr Baby fürchtet, etwa wenn Sie die Schlafzimmerbeleuchtung löschen oder sich rasch aus seinem Gesichtsfeld entfernen. Wenn Ihr Baby sich fürchtet, so wird sich dies auf seinem Gesicht zeigen.
Wut	Die Augen sind offen, aber stark verengt, der Mund ist leicht geöffnet, mit stark gespannten Lippen. Ihr Baby kann wegen vieler Dinge wütend werden, etwa wenn es nicht rechtzeitig gefüttert wird, nicht genügend Aufmerksamkeit erhält oder sich eingeengt fühlt. Der Ausdruck der Wut auf seinem Gesicht wird auch von unregelmäßigem Schreien begleitet.
Traurigkeit	Der Mund ist geschlossen, die Augen geöffnet und die Augenbrauen leicht zusammengezogen. Manche Babys haben diesen Gesichtsausdruck kurz vor dem Einschlafen. Sieht Ihr Baby jedoch so aus, ohne dabei müde zu erscheinen, so fühlt es sich möglicherweise einfach elend. Wahrscheinlich braucht es lediglich in den Arm genommen und geknuddelt zu werden, oder Sie spielen eine Weile mit ihm.

Arm- und Beinbewegungen

Die Körperbewegungen Ihres Babys entwickeln sich allmählich während des ersten Lebensjahres. Zu Beginn scheint es sich unkontrolliert und unvorhersehbar hin und her zu bewegen, nach und nach stellt sich jedoch eine gewisse Ordnung und Struktur ein. Wenn es drei Monate alt ist, legen Sie es in seinem Bettchen auf den Rücken, und Sie werden sehen, daß es mit Armen und Beinen in fast schon synchroner Weise „rudert“. Mit sechs Monaten kann es seine Schultern von der Unterlage abheben, wenn man es bäuchlings auf den Teppich legt; oder es kann sich von einer Seite auf die andere rollen, wenn es möchte. Auch seine Beine sind kräftiger. Im Alter von neun Monaten kann das Kind seine Bewegungen koordinieren und über den Boden krabbeln, indem es die Beine unter den Bauch zieht. Vielleicht ist es auch schon in der Lage, sein eigenes Gewicht zu tragen, wenn Sie es an den Händen halten, so daß es aufrecht stehen kann. Und im Alter von einem Jahr ist es sicher im Krabbeln und versucht bisweilen, Treppen hinauf- oder hinabzuklettern, obwohl es bei diesen Versuchen auch manchmal Angst bekommt. Vielleicht versucht es auch, im Raum umherzugehen, indem es sich zur Unterstützung an Möbelstücken festhält.

Diese zunehmende Fähigkeit zur Koordination von Arm- und Beinbewegungen bedeutet, daß Ihr Baby auch zunehmend in der Lage ist, diese zur nonverbalen Kommunikation einzusetzen. Hier folgen einige Botschaften, die es Ihnen mit seinen Körperbewegungen vielleicht vermitteln möchte.

„Mir geht es durch und durch gut.“ Das Baby rudert mit den Beinen, Armen und Händen, vielleicht mit einer Heftigkeit, die Sie zunächst besorgt macht. Ihr Kind drückt jedoch lediglich sein Vergnügen und seine freudige Erregung aus. Ebenso werden Sie feststellen, daß es dabei einen zufriedenen Gesichtsausdruck hat und vielleicht auch sanfte Laute von sich gibt.

„Mir geht es nicht gut.“ Ihr Kind ist unruhig und windet sich hin und her. Schmerzen oder Unbehagen können intensiv genug sein, um es dazu zu bringen, in der Hoffnung auf Erleichterung seine Lage zu verändern. Vielleicht versucht es sogar, sich umzudrehen. Wenn es krank ist, wird es eine schmerzliche Grimasse ziehen.

„Ich will dieses Spielzeug haben.“ Plötzlich sehen Sie Ihr Kind bäuchlings und mit nach vorn ausgestreckten Armen auf dem Boden liegen. Außerdem starrt es geradeaus auf einen vor ihm liegenden Gegenstand und gibt darüber hinaus noch keuchende Laute von sich, die seine Anstrengungen und seine Frustration wiedergeben.

„Ich esse das nicht.“ Sie wollen Ihr Kind füttern und stellen fest, daß es ihm immer wieder irgendwie gelingt, den Löffel wegzustoßen, sobald er sich seinem Mund nähert. Es mag dabei sogar lächeln, obwohl Sie selbst diese nonverbale Kommunikation möglicherweise nicht besonders spaßig finden.

Wie Ihr Baby Körpersprache erlernt

Der Einsatz von Körpersprache nimmt mit dem Wachstum und der Reife Ihres Babys auf natürliche Weise zu. Psychologische Untersuchungen zeigen jedoch, daß dies auch durch Ihr eigenes Verhalten beeinflußt wird, vor allem in der Zeit bis zum ersten Lebensjahr. Die wichtigsten Faktoren:

Imitation. Ihr Baby beginnt früh damit, Ihre Gesten nachzuahmen, obwohl Sie dies vielleicht nicht wahrnehmen. Nachahmung ist ein natürlicher Bestandteil der Beziehung und Bindung, die sich zwischen Eltern und Kind aufbaut (Bonding). Dies ist einer der Gründe, weshalb Sie es als so einfach empfinden, seine Gesichtszüge zu interpretieren – sie entsprechen oft genau Ihren eigenen! Natürlich hat das Baby seine individuellen Merkmale, es ist jedoch sehr wahrscheinlich, daß viele seiner nonverbalen Verhaltensweisen Ihr eigenes Verhalten spiegeln.

Intensität. Es gibt Augenblicke, in denen Ihr Baby nicht weiß, wie es reagieren soll, und in diesen Momenten hängt seine Reaktion fast vollkommen von Ihrem eigenen Verhalten ab. Im Alter zwischen sechs und neuen Monaten wacht Ihr Baby gelegentlich aus dem Schlaf auf. Es weint nicht, lacht aber auch nicht, sondern hat einen neutralen, müden Gesichtsausdruck. Wenn Sie klar und deutlich lächeln, wird es als Reaktion darauf lächeln, zeigen Sie dagegen Verärgerung, so reagiert es mit Unbehagen. Die Intensität Ihrer eigenen Körpersprache beeinflußt den Einsatz der Körpersprache des Babys.

Gelegenheiten wahrnehmen. Je mehr Sie die Körpersprache einsetzen, um mit Ihrem Baby zu kommunizieren, desto mehr wird es verständlicherweise auch seine Körpersprache einsetzen. Mit Ihrem Baby zu sprechen, mit ihm zu spielen und während des ersten Lebensjahres seine Reize zu stimulieren, ist überaus wichtig für seine gesamte Entwicklung. Die Körpersprache hilft ihm aber auch, schon früh Kommunikationsfähigkeiten zu entwickeln. Schaffen Sie daher viele Gelegenheiten zur Interaktion mit Ihrem Baby, und zwar auf eine Art, bei der es Ihr Gesicht klar erkennen kann. Spiele und Lieder von Angesicht zu Angesicht sind besonders hilfreich.

Interaktion. Die psychologische Forschung einschließlich von Videoaufzeichnungen von Müttern und ihren Babys, die zusammen spielen, haben gezeigt, daß ein Baby dazu neigt, sein Brabbeln und andere Laute mit der Sprache seiner Mutter zu koordinieren. Die in Zeitlupe abgespielten Videobänder bestätigen, daß das Baby ruhig ist, wenn die Mutter spricht, und zu brabbeln beginnt, sobald sie aufgehört hat, als ob beide in die Vorstufe eines Gesprächs verwickelt seien. Bei diesen vorsprachlichen Aktivitäten erlernt Ihr Baby die nonverbalen Handlungen, die das gesprochene Wort begleiten.

Intonation. Eines der Hauptmerkmale der Sprache einer Mutter mit ihrem Baby ist, daß die Worte übermäßig betont werden. Wenn Sie auf diese Weise mit Ihrem Baby sprechen, überhöhen Sie Ihre Betonung dergestalt, daß hohe Laute höher und tiefe Laute tiefer als normal sind und Ihre Sprechweise allgemein lebhafter ist, als wenn Sie zum Beispiel mit einem älteren Kind sprechen. Diese erhöhte Bandbreite der Intonation erregt die Aufmerksamkeit Ihres Babys und ermutigt es, sich auch auf Ihre nonverbale Kommunikation zu konzentrieren.

Zusammenfassung

Ihr Baby ist bereits auf die Kommunikation mit Ihnen vorbereitet, wenn es zur Welt kommt, und da es bis zum zweiten Lebensjahr noch keine Sprache einsetzen kann, um mit

Ihnen zu kommunizieren, muß es sich auf seine Körpersprache verlassen. Wenn Sie und Ihr Baby einander in Ihrer Körpersprache verstehen, so stärkt dies Ihre Mutter-Kind-Beziehung zueinander.

Für viele Babys bildet Schreien die wichtigste Art der Kommunikation. Das Schreien Ihres Babys kann viele verschiedene Bedeutungen haben, auf die Sie sich jedoch rasch einstellen, auch wenn Sie bisweilen keine Ahnung haben werden, warum es so heftig schreit. Die Formen des Schreiens verändern sich zwischen der Geburt und dem zwölften Lebensmonat in der Weise, wie Ihr Baby seine vorsprachlichen Fähigkeiten entwickelt. Es beginnt, auch andere Laute, wie Lallen und Brabbeln, zur Verständigung mit Ihnen einzusetzen. Eine weitere Dimension der Körpersprache in diesem Lebensabschnitt ist die Mimik: Ihr Baby kann eine ganze Reihe von Gefühlen vermitteln, indem es lediglich seinen Gesichtsausdruck verändert. Obwohl die Verwendung nonverbaler Kommunikation beim Baby stetig zunimmt, merken Sie sich, daß auch die Art und Weise, in der Sie auf Ihr Kind eingehen, sehr wichtig ist, da Ihre Körpersprache die seine beeinflußt.

3.
Was Ihr Kleinkind Ihnen sagt

Veränderungen

Im Alter zwischen einem und zwei Jahren entwickelt sich Ihr Kind sehr schnell, und dies hat auch Einfluß auf seine nonverbale Kommunikation mit Ihnen. So lernt es beispielsweise zu gehen. Da es jetzt unabhängiger ist, kann es ohne Ihre Hilfe neues Territorium erkunden, und seine natürliche Neugier steigt mit jedem Tag, an dem es Neues lernt. Wie die meisten Eltern werden Sie möglicherweise erleben, daß Ihr Kind in dieser Phase sehr schwierig und anspruchsvoll wird, vor allem, wenn man ihm nicht seinen Willen läßt – Wutanfälle sind in diesem Alter üblich. Ihr Kind entwickelt seine eigene Persönlichkeit, und es mag keine Regeln, es sei denn, es hat sie selbst aufgestellt.

Dieses Entwicklungsstadium Ihres Kindes ist zudem gekennzeichnet durch eine Veränderung im Einsatz der Körpersprache. Dafür gibt es mehrere Gründe:

Das gesprochene Wort wird zur bevorzugten Ausdrucksform Ihres Kindes. Im Alter von zwölf bis achtzehn Monaten beginnt Ihr Kleinkind, seine Sprache zu entwickeln, und dieser Prozeß setzt sich bis ins Vorschulalter und darüber hinaus fort. Auch wenn es nur einzelne Worte sprechen kann, ist es in der Lage, sehr wirksam mit Ihnen zu kommunizieren, während es zuvor gänzlich auf nonverbale Kommunikation angewiesen war. So gibt es Ihnen zum Beispiel zu verstehen, wenn es etwas nicht möchte, etwa indem es „Nein“ sagt, oder wenn es etwas möchte, etwa indem es sagt: „Trinken.“ Es verwendet zunächst einzelne Worte, um sich verständlich zu machen.

Die Körperbewegungen Ihres Kindes sind kontrollierter. Das Koordinationsvermögen Ihres Kleinkindes ist in diesem Alter noch nicht ausgereift, aber hinreichend entwickelt, um ihm eine bessere Kontrolle über seine Muskeln und seine Arm- und Beinbewegungen zu ermöglichen. Als Folge davon gewinnt seine Körpersprache an Bandbreite und Ausdruckskraft. So kann Ihr Kleinkind jetzt zum Beispiel seine Hand zum Nacken führen, sich dort kratzen und Ihnen auf diese Weise seine Verwirrung mitteilen. Oder es kann, während es Ihnen gegenübersitzt, seine Beine übereinanderschlagen, sich nach vorn beugen und Ihnen auf diese Weise seine Aufmerksamkeit vermitteln. Sein Repertoire an Körpersprache wächst demnach beträchtlich.

Die Bandbreite und Intensität der Gefühle Ihres Kindes nehmen zu. Das Kleinkind ist von seiner Umgebung fasziniert und hat sich vorgenommen, sie auf der

Suche nach neuem Wissen und neuen Erfahrungen zu erforschen. Auch das Spektrum seiner Gefühle erweitert sich, und es nimmt die Dinge intensiver wahr. Es möchte viele Dinge tun, die zu hohe Anforderungen an ein Kleinkind stellen, etwa eine Schachtel öffnen oder den Fernseher einschalten, und dies ruft bei ihm Frustration und Wut hervor. Es ist in der Lage zu schaukeln oder Karussell zu fahren, und erlebt durch diese Bewegungen im Raum ein ganz neues Körpergefühl.

Ihr Kind denkt über nonverbale Kommunikation nach. Seine Fähigkeit, sprechen zu können, bedeutet nicht, daß es die Körpersprache vollkommen aufgibt. Im Gegenteil, die größere Reife Ihres Kleinkindes bedeutet, daß es Körpersprache allmählich recht gezielt einsetzen kann, um mit Ihnen zu kommunizieren. Aus diesem Grund erscheinen Gesten in diesem Alter oft übertrieben, etwa wenn es bitterlich aufheult, weil es eine Puppe zu Boden fallen läßt und augenblicklich damit aufhört, wenn Sie sie ihm zurückgeben. Diese Körpersprache ist sehr eindeutig, weil sie keinen Zweifel daran aufkommen läßt, was es Ihnen zum Ausdruck bringen möchte.

Während seiner Sozialisation erlernt Ihr Kind auch die Körpersprache anderer Kinder. Nachdem es vom Baby zum Kleinkind herangewachsen ist, interessiert sich Ihr Kind stärker für das Verhalten der anderen Kinder, mit denen es zusammen ist. Dabei spielt es keine Rolle, ob es tatsächlich mit ihnen spricht – es wird andere Kleinkinder studieren und dabei scheinbar von deren Handlungen fasziniert sein. Durch dieses Beobachten lernt Ihr Kleinkind, wie andere Kinder Körpersprache einsetzen. Dies beeinflußt sein eigenes Muster nonverbaler Kommunikation. So lernt es beispielsweise in der Krabbelgruppe, daß ihm ein lächelndes Kind möglicherweise freundlich und ein stirnrunzelndes Kind vielleicht weniger freundlich gesinnt ist.

Gefühle bei Kleinkindern

Die folgende Aufstellung zeigt die wichtigsten emotionalen Dimensionen im Leben Ihres Kindes zwischen einem und drei Jahren und beschreibt die Art und Weise, in der sie am häufigsten zum Ausdruck kommen. Jede dieser Dimensionen wirkt sich auf die Körpersprache Ihres Kleinkindes aus.

Gefühl	**Ausdrucksweise**
Neugier	Das Kleinkind erforscht jeden Winkel. Nichts ist tabu, soweit man es ihm nicht sagt, und es hat sich in den Kopf gesetzt, jeden Schrank, jeden Schmuck und jeden einzelnen Gegenstand zu erforschen, den es ergreifen und betasten kann.
Herausforderung	Zum ersten Mal beginnt das Kleinkind, Ihre Autorität in Frage zu stellen. Es macht sich viel mehr Gedanken um das, was es selbst will, als um das, was Sie wollen – und es zieht vor, die Grenzen zu testen, die Sie ihm gesetzt haben.
Frustration	Wenn die Dinge nicht so laufen, wie es das Kind möchte, ist es sehr rasch frustriert. Geduld ist in diesem Alter eine Seltenheit, und Wutanfälle sind sehr häufig – eben

	spielt es noch ganz ruhig, im nächsten Augenblick explodiert es vor Wut.
Unabhängigkeit	Ihr Kleinkind möchte Dinge selbst tun, unabhängig davon, ob es dazu in der Lage ist, und es kann sich sehr darüber aufregen, wenn es ein bestimmtes Unabhängigkeitsziel, etwa sich die Socken auszuziehen, nicht erreicht.
Scheu	Das Kleinkind macht gerne neue Erfahrungen, reagiert jedoch scheu, wenn es Menschen sieht, die es nicht gut kennt. Unter diesen Umständen klammert es sich an Sie und fürchtet sich davor, Ihre Hand loszulassen.
Vergnügen	Ihr Kleinkind genießt das Leben in vollen Zügen und freut sich an den neuen Erfahrungen eines jeden Tages. Dabei wird die Gesellschaft anderer Kinder und die Interaktion mit ihnen für Ihr Kleinkind immer wichtiger.

So erkennen Sie die Gefühle des Kleinkindes an seiner Körpersprache

Neugier

Experimentieren ist an der Tagesordnung, wenn Ihr Kind neue Wege im Umgang mit Gegenständen ausprobiert. Mit zwölf Monaten beispielsweise schiebt es seinen Löffel langsam von seinem Kindersitz herunter, dann wieder schlägt es ihn rasch zur Seite, dann läßt es ihn vorsichtig seitlich herunterfallen und so weiter, wobei es jedesmal neue Wege findet, um den Löffel zu Boden fallen zu lassen. Es ist nicht böswillig, sondern nur auf natürliche Weise neugierig.

Im Alter von zwei Jahren beginnt Ihr Kleinkind Symbole zu benutzen, das heißt, es kann jetzt einen Gegenstand dazu verwenden, um einen anderen damit wiederzugeben. Ein Ziegelstein kann dabei zum Elefanten und eine Puppe zu seiner großen Schwester werden. Und seine Fähigkeit, auf eigenen Füßen durch die Gegend zu wackeln, gibt ihm die Möglichkeit, Orte zu erkunden, die ihm bislang unzugänglich waren.

In folgender Art und Weise teilt Ihnen Ihr Kind durch seine Körpersprache mit: **„Ich verstehe nicht, was da los ist und möchte der Sache auf den Grund gehen."**

1. **Ihr Kind runzelt die Stirn und spannt die Gesichtsmuskeln an.** Bei einem Kind in diesem Alter zeigt Stirnrunzeln oft, daß es verwirrt ist und die Bedeutung von Ereignissen nicht ganz erfaßt – es muß nicht unbedingt bedeuten, daß es wütend ist. Die Muskulatur um seine Augen herum ist angespannt, ein paar dünne Linien bilden sich knapp oberhalb der Augenbrauen, und die Lippen können leicht gespitzt sein.
2. **Ihr Kind beugt sich vor und starrt.** Auch wenn dieses Verhalten unverschämt erscheinen mag – bei einem Erwachsenen würden Sie dies gewiß so empfinden –, es ist ein Zeichen von Neugier. Anstatt Ihrem Kind zu sagen, es soll damit aufhören – für ein Kind hat das Starren etwas Faszinierendes –, versuchen Sie lieber herauszufinden, was Ihr Kind verunsichert.
3. **Ihr Kind hält keine angemessene persönlich Distanz ein.** Ein Kleinkind ist sich in diesem Entwicklungsstadium häufig der sozialen Distanz nicht bewußt. Unter Umständen entgeht ihm vollständig, daß sich an-

dere Menschen unwohl fühlen, wenn jemand unmittelbar neben ihnen steht und ihnen geradewegs in die Augen sieht. Aber genau das wird Ihr Kind tun, wenn es auf jemanden neugierig ist, den es sieht.

4. **Ihr Kind faßt alles an.** Durch das Berühren von Dingen lernt Ihr Kind etwas über seine Umgebung, sowie über die Qualitäten und Merkmale von Gegenständen in seiner Umgebung. Dies ist ein natürlicher Ausdruck seiner Neugier, auch wenn diese Art des Verhaltens Ihnen Angst macht, etwa wenn Ihr Kind eine wertvolle Vase fallen läßt, nur um zu sehen, was wohl passieren wird.

5. **Ihr Kind zieht Sie in eine bestimmte Richtung.** Sieht Ihr Kind jemanden oder etwas, dessen es sich nicht sicher ist, kann seine erste Reaktion darin bestehen, Sie in diese Richtung zu ziehen, in der Hoffnung, daß Sie ihm eine Erklärung anbieten können. Ohne etwas zu sagen, nimmt Ihr Kind an, daß Sie die Absichten kennen, die seinem Verhalten zugrunde liegen.

Wie Sie auf die Neugier Ihres Kindes reagieren können

Die wichtigste Unterstützung, die Sie ihrem Kind geben können, liegt darin, die Zeichen seiner Neugierde nicht als Zeichen von Unartigkeit zu mißdeuten. Es ist nicht alt genug, um sich die Konsequenzen seiner „Expeditionen“ zu verdeutlichen. Seine Handlungen zielen daher auf das Entdecken neuer Dinge und nicht darauf, Chaos hervorzurufen. Sorgen Sie dafür, daß das Kind jede Menge Gelegenheiten hat, seine Neugier zu entwickeln. Natürlich kann das Kind seine Umgebung auch ohne Ihre Hilfe erforschen und entdecken; sein Lerneifer wird jedoch in einer in seinen Augen interessanten Umgebung zunehmen.

Ihr Kleinkind entscheidet, in welchem Umfang es auf Abenteuer vorbereitet ist, und es wird nicht weiter gehen, als es ihm sein Selbstvertrauen erlaubt. Wenn das Kind Ihnen jedoch nonverbal zu verstehen gibt, daß es mehr lernen möchte, so können Sie es in geeigneter Weise ermutigen, etwa indem Sie ihm versichern, daß es sich nicht zu fürchten braucht, oder ihm erlauben, ein wenig weiter zu gehen. Seien Sie jedoch darauf vorbereitet, der Neugier Ihres Kindes nötigenfalls Grenzen zu setzen. Erklären Sie ihm, daß gewisse Bereiche in der Wohnung oder im Haus tabu sind, und lenken Sie seine Neugier in eine andere Richtung.

Herausforderung

Kleinkinder nehmen sich selbst sehr wichtig, und nur ihr eigener Wille zählt. Wenn Ihr Kleinkind daher beschließt, daß es *jetzt* einen Keks haben möchte, so muß es ihn jetzt bekommen, ganz gleich, ob Sie derselben Meinung sind oder nicht. Und es wird ganz einfach ignorieren, was Sie ihm sagen, wenn dies nicht mit seinen unmittelbaren Wünschen übereinstimmt. Ginge es nach Ihrem Kind, so sind von Mama und Papa aufgestellte Regeln dazu da, gebrochen zu werden, genauso wie die von anderen Kindern. Die einzige Person, der es hier erlaubt ist, Regeln aufzustellen, ist Ihr Kind! Es fordert Ihre Autorität heraus, weil es selbst derjenige sein möchte, der hier die Entscheidungen trifft.

In folgender Art und Weise teilt Ihnen Ihr Kind durch seine Körpersprache mit: **„Ich weiß, was ich jetzt eigentlich tun soll, aber ich werde tun, was *ich* will."**

1. Ihr Kind hat einen leeren Gesichtsausdruck.

Wenn Sie ihm eine Anweisung geben oder seinem Verhalten Grenzen setzen, kann es sein, daß es einen vollkommen leeren und neutralen Gesichtsausdruck anstelle einer Reaktion zeigt, so als habe es Ihre Worte nicht gehört. Es hat Sie aber sehr wohl gehört, wünscht sich jedoch, dem wäre nicht so.

2. Ihr Kind schiebt sich an Ihnen vorbei. Auch wenn Sie ihm nicht wirklich im Weg stehen, kann es sein, daß Ihr Kind sich an Ihnen vorbeizuschieben versucht, als könne es mit Ihnen auch Ihre Regeln umgehen. In den Augen Ihres Kleinkindes sind Sie und Ihre Grenzen ein und dasselbe. Wenn es ihm also gelingt, um das eine herumzukommen, so läßt sich auch das andere umgehen.

3. Ihr Kind verschränkt die Arme. Das Verschränken der Arme vor dem Körper ist eines der einfachsten Zeichen, sowohl Stärke als auch Verärgerung zu zeigen. Ihrem Kind gefällt nicht, was Sie ihm gerade gesagt haben, und indem es die Arme um sich schlingt oder sie verschränkt, zeigt es Ihnen nonverbal, daß es nicht akzeptiert, was Sie ihm sagen – es will Sie herausfordern.

4. Ihr Kind hört nicht auf Verbote. Obwohl sich Ihr Kind nicht einmal verbal über Ihre Autorität hinwegsetzt, kann Sie dieses Verhalten sehr ärgerlich machen, weil es eine deutliche Zurückweisung Ihrer Wünsche darstellt. Das Verhalten Ihres Kindes zeigt, daß es nicht beabsichtigt, auf Ihre Worte zu hören.

5. Ihr Kind stampft mit den Füßen und blickt Sie herausfordernd an. Wenn es wütend angestampft kommt und Ihnen aus geringer Entfernung fest in die Augen sieht, bedeutet dies, daß es sich gegen Ihre Autorität auflehnt. Diese Drohgebärde soll Sie einschüchtern, und Ihr Kind hofft, daß Sie nachgeben.

Heranwachsen bedeutet auch zu lernen, die Sichtweise anderer in die eigenen Überlegungen einzubeziehen und auf die Gefühle anderer Rücksicht zu nehmen. Ihr Kleinkind ist dazu noch nicht in der Lage, und daher rührt seine Hartnäckigkeit zu tun, was es möchte, unabhängig davon, wie Sie zu diesem Zeitpunkt darüber denken.

Geben Sie nicht nach, auch wenn es Sie immer wieder herausfordert. In diesem Entwicklungsstadium braucht Ihr Kind eine in sich schlüssige und strukturierte Disziplin, die ihm ein Gefühl von Sicherheit vermittelt. Fehlende Konsequenz oder mangelnde Disziplin zu Hause verwirren ein Kind und schüchtern es ein. Darüber hinaus hilft eine gewisse Disziplin Ihrem Kind dabei, die Bedürfnisse und Wünsche anderer zu erkennen, und sich selbst besser zu beherrschen. Ihr Kind möchte spüren, daß Sie stark sind und an Ihren Positionen festhalten. Also tun Sie genau das.

Frustration

Im Kleinkindalter vermag Ihr Kind nur in sehr geringem Maße Frustration zu ertragen, das Gefühl, das auftritt, wenn eine seiner Aktionen erfolglos bleibt. Es wird sehr schnell zornig, wenn es sein Ziel nicht erreicht, und Sie müssen kein Experte im Lesen von Körpersprache sein, um zu erkennen, wann es einen Wutanfall hat. Alles und jedes kann bei ihm Frustration auslösen, sei es Ihre Weigerung, es mit einem bestimmten Spielzeug spielen zu lassen, sein Unvermögen, das Stück eines Puzzles an die richtige Stelle zu plazieren oder die Nachricht, daß es jetzt zu Bett gehen muß.

Später nimmt die Frustrationstoleranz zu, in dieser frühen Phase fühlt sich Ihr Kind rasch frustriert und gereizt. Die Frustration kann zu heftigen Wutausbrüchen führen.

In folgender Art und Weise teilt Ihnen Ihr Kind durch seine Körpersprache mit: **„Ich bin frustriert, weil ich nicht tun kann, was ich will, und gleich explodiere ich."**

1. **Ihr Kind beginnt zu schnaufen.** Als eines der ersten Zeichen für eine sich aufbauende Frustration wird die Atmung Ihres Kindes deutlicher schwerer. Verglichen mit ihrem normalen Muster ist sie flacher, rascher und lauter als gewöhnlich. Unter Umständen atmet Ihr Kind durch die Nase anstatt durch den Mund. Ein Wutanfall ist nicht mehr weit.
2. **Ihr Kind ballt die Fäuste.** Mit zunehmender innerer Anspannung spannen sich auch die Muskeln. Dies ist ein äußeres Anzeichen für Streß. Als Kleinkind wird Ihr Kind nicht versuchen, sein Gefühl zu verbergen, und die Stelle, an der es sich am besten offenbaren kann, sind seine Handmuskeln. Auch wenn Sie sein Gesicht nicht sehen können, zeigen Ihnen die verkrampften Handmuskeln, daß es frustriert und wütend ist.
3. **Ihr Kind schaukelt hin und her.** Frustration mag für das Kleinkind so schwer zu ertragen sein, daß es das Bedürfnis verspürt, in einer Art tröstender Bewegung hin und her zu schaukeln. Dies kann seine Angespanntheit lockern. Diese Schaukelbewegung kann sanft und geschmeidig sein, ist das Kind jedoch sehr frustriert, so bewegt es sich eher ruckartig.
4. **Ihr Kind knirscht mit den Zähnen.** Die Kiefermuskeln spannen sich, und die Zähne werden fest aufeinandergepreßt. Dies ist die unbewußte Muskelreaktion

Ihres Kindes auf die Frustration. Bisweilen sind die Kiefermuskeln so stark angespannt, daß Sie hören können, wie Ihr Kleinkind mit den Zähnen knirscht.

5. Ihr Kind schleudert einen Gegenstand von sich. Wenn Ihr Kind mit einem Spielzeug oder einem Puzzle spielt, das nicht so funktioniert, wie es will, so kann seine nonverbale Reaktion auf die Frustration darin bestehen, den betreffenden Gegenstand zu nehmen und ihn quer durch das Zimmer zu werfen. Das Kind meint dies nicht böse. Es genügt, sich dieses Gegenstands zu entledigen, um somit die Frustration zu beseitigen. Und der Wutanfall bleibt womöglich aus.

Wie Sie auf die Frustration Ihres Kleinkindes reagieren können

Vielleicht haben Sie selbst Probleme, mit Frustration umzugehen. Wundern Sie sich also nicht, wenn dies auch bei Ihrem Kleinkind der Fall ist. Bedenken Sie, daß Frustration nicht gleichbedeutend mit Wut ist, obwohl das Aufstauen von Frustration zu einem Wutanfall führen kann. Es ist daher am besten, die Frustration Ihres Kleinkindes zu zerstreuen, bevor dieser Punkt erreicht wird.

Wenn Sie an seiner Körpersprache erkennen, daß Ihr Kind aufgeregt ist, helfen Sie ihm, die Situation wieder unter Kontrolle zu bekommen. Natürlich können Sie ganz einfach die Quelle der Frustrationen beseitigen oder das Kind aus deren Umfeld entfernen, doch obwohl dies im Moment als vernünftige Lösung erscheinen mag, wird Ihr Kind jedoch nicht lernen, wie man mit diesem Gefühl umgeht. Besser, Sie ermutigen es zur Eigeninitiative. Erkennen Sie zunächst seine Frustration an. Sagen Sie Ihrem Kind, daß Sie sein Unglücklichsein wahrnehmen und daß es Ihrer Ansicht nach mit seiner Tätigkeit aufhören sollte. Empfehlen Sie ihm anschließend, es für den Augenblick sein zu lassen und später am Tag nochmals zu versuchen. Und vor allem sollten Sie es ermutigen, Ruhe zu bewahren.

Unabhängigkeit

Das Problem eines Kleinkindes, alles selbst tun zu wollen, liegt darin, daß sein Ehrgeiz gewöhnlich weitaus größer ist, als seine Fähigkeiten. Vielleicht möchte es sich beispielsweise einen Keks aus der Dose in der Küche holen, schafft es jedoch noch nicht, an die Dose heranzukommen, geschweige denn, sie zu öffnen. Dies wird das Kind jedoch nicht davon abhalten, es dennoch zu versuchen. Jeden Tag wird es Beispiele dafür geben, daß es sich in den Kopf gesetzt hat, ohne Ihre Hilfe zurechtzukommen, obwohl es noch viele Male auf Ihre Unterstützung angewiesen sein wird.

In folgender Art und Weise teilt Ihnen Ihr Kind durch seine Körpersprache mit: **„Ich habe mir fest vorgenommen, dies selbst und ohne deine Hilfe zu schaffen."**

1. **Ihr Kind zieht sich zurück.** Wundern Sie sich nicht, wenn Ihr Kleinkind ganz leise irgendwo verschwunden ist, um beispielsweise das Anziehen eines Schuhs zu üben. Es versteckt sich nicht absichtlich, sondern stellt lediglich sicher, daß es diese Tätigkeit ruhig und ungestört für sich selbst ausprobieren kann. Vielleicht hält es diese Art von Zurückgezogenheit für notwendig.
2. **Ihr Kind schiebt Sie von sich.** Angenommen, Sie möchten Ihrem Kind bei etwas helfen, und es wünscht

Ihre Hilfe nicht, so wird es zurückweisen, indem es Ihre Hand von sich wegschiebt. Vielleicht ist es nicht in der Lage zu sagen, daß es Ihre Hilfe nicht möchte. Die spezifische Geste bringt dies jedoch ebensogut zum Ausdruck.

3. Ihr Kind beschäftigt sich lange mit einer Sache. Ein Kleinkind kann sich nicht über lange Zeit konzentrieren, während es rasch von einer Beschäftigung zur nächsten springt. Das Verlangen, ein Ziel ohne fremde Hilfe zu erreichen, führt jedoch oft dazu, daß es länger bei der Sache bleibt, als normalerweise zu erwarten wäre. Der Wille zur Unabhängigkeit verstärkt seine Konzentration.

4. Ihr Kind hat einen starren Gesichtsausdruck. Das Gesicht Ihres Kindes kann einen unbeweglichen, vielleicht sogar leeren Ausdruck annehmen, wenn es sich ganz auf das konzentriert, was es gerade tut. Die Notwendigkeit, seine Aufgabe zu Ende zu bringen, erfordert seine gesamte Aufmerksamkeit. Daher rührt der starre Gesichtsausdruck.

5. Ihr Kind beginnt zu weinen. Denken Sie daran: Kinder in diesem Alter weinen leicht. Es bedarf nur eines geringen Anlasses, und schon fließen die Tränen. Der Ehrgeiz Ihres Kindes, ohne Hilfe zurechtzukommen, garantiert noch keinen Erfolg, und es beginnt, aus Selbstmitleid und aus Wut auf sich selbst zu weinen.

Wie Sie die Unabhängigkeit Ihres Kleinkindes unterstützen können

Ihr Kleinkind in seiner Unabhängigkeit zu unterstützen, kann anstrengend und ermüdend sein. Es ist für beide Seiten schwierig. Versuchen Sie dennoch, Ihr Kind zu ermutigen. Die Unabhängigkeit Ihres Kindes wird sich stufenweise entwickeln, und es wird in seinen Bemühungen scheitern, wenn es zuviel zu einem verfrühten Zeitpunkt versucht. Halten Sie es dazu an, eher langsam und kontinuierlich als in Riesensprüngen vorzugehen. Denken Sie daran, daß es Ihren steten Rückhalt braucht – ein Wort der Ermutigung oder ein zustimmendes Lächeln ist alles, was es benötigt.

Wenn Ihr Kind ungeduldig wird, schlagen Sie ihm vor, langsam vorzugehen. Empfehlen Sie ihm, sich Zeit zu nehmen und die Dinge nicht zu übereilen. Und wenn Ihr Kind versucht, etwas ganz allein zu machen, sein Ziel jedoch nicht erreicht, loben Sie es für jeden Teilschritt, den es geschafft hat, und versichern Sie ihm, daß es diese Tätigkeit jederzeit wieder versuchen kann. Betonen Sie Ihrem Kind gegenüber, daß es bei jedem Versuch Fortschritte macht und sein Ziel nach und nach erreichen wird.

Scheu

Das Kleinkind hat so lange Vertrauen, bis es jemanden sieht, den es nicht kennt. Es reagiert scheu und möchte sich am liebsten verstecken. Manchmal zeigt es seine Scheu ganz offen, manchmal versucht es jedoch, sie zu verbergen. In der Regel fühlt es sich unwohl, wenn es zum ersten Mal fremde Kinder und Erwachsene trifft. Dies verliert sich mit der Zeit, zunächst ist die Scheu jedoch die erste Reaktion auf ein Gesicht, das ihm nicht vertraut ist.

In folgender Art und Weise teilt Ihnen Ihr Kind durch seine Körpersprache mit: **„Ich bin scheu und möchte mit niemandem von diesen Leuten sprechen.“**

1. Ihr Kind umklammert Ihre Hand. Dies ist ein sicheres Zeichen dafür, daß es vor einem ihm unbekannten Kind oder Erwachsenen Scheu empfindet. Was Ihr Kleinkind betrifft, so fühlt es sich sicher und geborgen, solange es Sie sehen und berühren kann. Und je fester es Ihre Hand umklammert, wenn sich jemand nähert, desto sicherer fühlt es sich.

2. Ihr Kind preßt sich an Sie. Vielleicht haben Sie schon erlebt, daß es sich so eng an Sie drückt, daß Sie fast das Gleichgewicht verlieren. Es kann auch sein, daß sich das Kind in Gegenwart eines Menschen, den es nicht besonders gut kennt, richtiggehend hinter Ihnen versteckt. So versucht es, sich „unsichtbar" zu machen.

3. Ihr Kind vermeidet Blickkontakt. Ein scheues Kind fühlt sich unwohl dabei, einen Fremden anzuschauen. Anstelle eines normalen Blickkontaktes wird Ihr Kleinkind den Blick senken und sich weigern, aufzuschauen, auch wenn Sie es dazu auffordern. Das Kind scheint zu glauben, daß die fremde Person von selbst geht, wenn es sie nicht ansieht.

4. Ihr Kind bedeckt seine Augen. Ein Kleinkind versteht noch nicht, daß andere Menschen an ihrem Platz bleiben, ganz gleich, ob es sie nun sieht oder nicht. In seiner Scheu legt das Kind daher die Hände vor die Augen und verdunkelt sein Sichtfeld. Dies löst vorübergehend sein Problem, und es fühlt sich geschützt.

5. Das Gesicht Ihres Kindes rötet sich. Dieser Ausdruck nonverbaler Kommunikation hat jeweils verschiedene Bedeutungen. Färbt sich das Gesicht Ihres Kleinkindes jedoch tiefrot, sobald sich ein ihm unbekanntes Kind oder ein unbekannter Erwachsener nähert, so gibt

Ihr Kind Ihnen zu verstehen, daß seine Scheu es in diesem Augenblick geradezu überwältigt.

Wie Sie auf die Scheu Ihres Kleinkindes reagieren können

Haben Sie Geduld mit Ihrem Kleinkind. Seine Scheu mag Sie irritieren und in Gegenwart anderer Eltern vielleicht sogar in Verlegenheit bringen – Ihr Kind kann nichts dafür. Es wäre im Gegenteil erfreut, wenn es sich bei der Begegnung mit einem neuen Kind nicht so elend fühlen würde. Vermeiden Sie daher, es für seine Unhöflichkeit zu tadeln oder aus der Reserve zu locken, indem Sie sich über seine Scheu lustig machen. Versichern Sie ihm, daß alles in Ordnung kommen wird, und daß es sich über nichts Sorgen zu machen braucht. Und wenn Ihr Kind dann zuerst einmal sein Gesicht in Ihrem Rock oder in Ihrer Hose vergraben möchte: Lassen Sie es zu.

Mit der Zeit und weiteren sozialen Erfahrungen verliert sich die Scheu. Mit anderen Worten: Je öfter sich Ihr Kleinkind mit anderen Kindern seines Alters zusammentut, desto besser. Nehmen Sie es mit in eine Spielgruppe, wenn es in Ihrem Stadtviertel eine gibt, und laden Sie Angehörige und Freunde mit kleinen Kindern zum Spielen zu sich nach Hause ein, wenn dies möglich ist. Mit Ihrer sanften Ermunterung wird sich Ihr Kind schon bald recht glücklich unter die anderen mischen, auch wenn es immer eine gewisse Scheu beibehalten mag. Das ist völlig normal.

Vergnügen

Solange die grundlegenden körperlichen und seelischen Bedürfnisse Ihres Kindes gestillt werden, wird es mit sich selbst und seiner Umgebung zufrieden sein. Es kann sein, daß seine Fröhlichkeit völlig unerwartet von einem Moment zum anderen in Traurigkeit umschlägt. Oder andersherum kann es geschehen, daß sich Ihr Kind fürchterlich unglücklich zeigt, weil es seine Lieblingssendung im Fernsehen nicht sehen darf. Es brüllt aus vollem Halse, als ob seine Welt zusammenbricht, läßt sich jedoch leicht wieder trösten, wenn Sie Ihm stattdessen einen Keks oder ein Glas Saft anbieten.

In folgender Art und Weise teilt Ihnen Ihr Kind durch seine Körpersprache mit: **„Ich bin im Moment sehr glücklich und habe eine Menge Spaß."**

1. **Ihr Kind hat einen lebendigen Gesichtsausdruck.** Gewöhnlich steht Ihrem Kleinkind das Vergnügen ins Gesicht geschrieben. Ist es glücklich über etwas, so zeigt es ein breites Lächeln, seine Augen sind weit geöffnet, und vielleicht lacht oder kichert es sogar. Sein gesamter Gesichtsausdruck ist lebendig, erregt und strahlend.
2. **Die Körperbewegungen sind dynamischer.** Sie werden feststellen, daß Ihr Kind Arme und Beine rascher bewegt, wenn es glücklich ist. Seine Bewegungen sind wach, lebendig und voller Begeisterung. Vielleicht marschiert es fröhlich, unbeschwert und mit leichten Schritten durch das Haus oder die Wohnung und singt dabei glücklich vor sich hin.
3. **Ihr Kind zeigt reges Interesse an seiner Umgebung**. Wie Sie selbst, zeigt auch Ihr Kind ein größeres Interesse an seiner Umwelt, wenn es glücklich ist. Es nimmt Dinge wahr, die es zuvor scheinbar übersah. Plötzlich beobachtet es Sie ganz fasziniert bei einer Beschäftigung und möchte Ihnen vielleicht helfen oder Sie nachahmen.

4. Ihr Kind sucht den Körperkontakt. Glückliche und zufriedene Kinder sind entspannt. Vielleicht kuschelt sich Ihr Kind dicht an Sie. Das bedeutet nicht, daß es sich unsicher fühlt, sondern es ist zufrieden und möchte dieses Gefühl mit Ihnen teilen und sucht deshalb engen Körperkontakt.

5. Ihr Kind blickt Ihnen beim Sprechen offen in die Augen. Wenn Ihr Kind glücklich ist, fordert es Sie weniger oft heraus. Es ist kooperativer und ansprechbarer und hört Ihnen aufmerksam zu. Dabei sieht es Sie an. Dieser starke Blickkontakt sagt Ihnen, daß sich Ihr Kind glücklich fühlt.

In folgender Art und Weise teilt Ihnen Ihr Kind durch seine Körpersprache mit: **„Ich bin unglücklich über das, was hier gerade geschieht, und mir geht es sehr schlecht."**

1. Ihr Kind läßt die Schultern hängen. Wenn Ihr Kind unglücklich ist, läßt die Spannung seiner Muskulatur nach, und es wird schlapp. Achten Sie auf seine Schultern. Normalerweise werden sie kräftig zurückgenommen. Ist Ihr Kind jedoch unglücklich, werden Sie sehen, wie sich seine Schultern runden, je stärker seine Muskeln nachgeben.

2. Ihr Kind wird lethargisch. Fühlt sich ein Kleinkind plötzlich unglücklich, kann seine kindliche Begeisterung beinahe augenblicklich verschwinden. Es verliert jedes Interesse an seinem Spielzeug, erscheint allgemein lethargisch und apathisch und legt sich auf den Boden oder auf das Sofa. Wenn Sie es ansprechen, antwortet es träge und müde.

3. Ihr Kind weint. Fühlt sich ein Kind unglücklich, so

weint es anders als im Zorn. Beim zornigem Weinen ist der Körper angespannt, das Kind ballt die Fäuste und bewegt sich sehr energisch, während sich das traurige Weinen eher innerlich abspielt. Ihrem Kind laufen die Tränen über die Wangen, und Sie bekommen keine Antwort aus ihm heraus.

4. Ihr Kind sucht Körperkontakt. Knuddeln und Schmusen sind wichtig für das Wohlbehagen Ihres Kindes. Wenn es bedrückt und unglücklich ist, möchte es auf Ihrem Schoß sitzen und ganz fest gedrückt werden. Es liegt kraftlos in Ihren Armen und lehnt sein müdes Köpfchen an Ihre Schulter. Seine Muskeln fühlen sich entspannt und schlaff an.

5. Ihr Kind zieht sich zurück. Es zeigt seine Traurigkeit dadurch, daß es sich von den Menschen seiner Umgebung zurückzieht. Ihr sonst so lebhaftes Kleinkind wirkt distanziert und abwesend und reagiert nicht auf Ihre Worte. Sie sollten dies nicht als Trotz auslegen: Ihrem Kind ist im Augenblick einfach nicht nach Gesellschaft zumute, und es möchte seine Ruhe.

Wie Sie auf Vergnügen und Unglücklichsein Ihres Kleinkindes reagieren können

Für Ihr Kind ist es sehr wichtig, sein Vergnügen und sein Unglücklichsein mit Ihnen teilen zu können. Wenn es weiß, daß Sie auf seine Gefühle eingehen, ist das Unglücklichsein leichter zu ertragen und das Vergnügen um so größer. Ihre Anteilnahme wird Ihrem Kind in jedem Fall gut tun. Zeigen Sie Ihrem Kind deutlich, daß Sie wissen, wie es sich fühlt, indem Sie es ihm sagen oder seine Stimmung einfach in Ihrem eigenen Gesichtsausdruck und Ihrer Stimme wiedergeben.

Versuchen Sie herauszubekommen, woher das jeweilige Gefühl kommt. Sie werden Ihr Kind besser verstehen, wenn Sie wissen, warum es gerade in diesem Moment so glücklich ist, und diese Erfahrung wieder einmal mit ihm teilen können. Ebenso hilft es Ihnen, wenn Sie wissen, warum Ihr Kind in einem anderen Moment traurig ist, die Dinge wieder in Ordnung zu bringen. Mitgefühl bringt Sie Ihrem Kind näher und gibt ihm das Gefühl von Sicherheit und Stabilität.

Zusammenfassung

Wenn Ihr Baby zum Kleinkind wird, kann es das gesprochene Wort einsetzen, um seine Vorstellungen, Bedürfnisse und Gefühle zum Ausdruck zu bringen. Seine Körpersprache bleibt jedoch weiterhin eine wichtige Kommunikationsform. Neugier, Herausforderung, Frustration und Wutanfälle, Unabhängigkeit, Scheu sowie Vergnügen und Traurigkeit sind in dieser Lebensphase besonders ausgeprägt. Jedes dieser Gefühle zeigt sich in der Körpersprache Ihres Kindes, und es ist auch weiterhin äußerst wichtig, diese Signale richtig zu verstehen, um angemessen zu reagieren und Ihrem Kind in seiner emotionalen Entwicklung beizustehen können.

TEIL III

KÖRPERSPRACHE IM KINDERGARTEN- UND VORSCHULALTER (3–6 JAHRE UND ÄLTER)

4.
Neue Dimensionen der Körpersprache

Schritte zur Reife

Ab drei Jahren durchläuft Ihr Kind einen besonders deutlichen Reifungsprozeß, und mit sechs Jahren ist das Kleinkind von einst nicht wiederzuerkennen. Die Veränderungen in dieser Zeit sind umfassend und betreffen die gesamte Entwicklung des Kindes.

Eine der Auswirkungen dieser Veränderungen während des Reifungsprozesses besteht darin, daß die wichtigsten Gebärden Ihres Kindes denen von Erwachsenen ähnlich werden. Mit anderen Worten: Zwischen älteren Kindern und Erwachsenen besteht eine große Ähnlichkeit in ihrer nonverbalen Kommunikation. Natürlich bestehen auch weiterhin Unterschiede – die Körpersprache von Erwachsenen ist wesentlich differenzierter – die Hauptmerkmale unterscheiden sich jedoch kaum voneinander. Verglichen mit der Körpersprache eines Babys oder Kleinkinds ist die Körpersprache in diesem Alter und Entwicklungsstadium stärker anteilnehmend, differenzierter, detaillierter und komplexer. Sie werden ihre Bedeutung nicht mehr so leicht interpretieren können und müssen sich stärker darum bemühen, Zugang zu dem zu finden, was Ihr Kind Ihnen sagen möchte.

Von diesem Entwicklungsstadium an umfassen die wichtigsten Mittel nonverbaler Kommunikation den Gesichtsausdruck, das Distanzverhalten, die Körperhaltung und Augenbewegungen, Hand-, Arm- und Beinbewegungen sowie die Berührung. Jede dieser Komponenten wird in diesem Kapitel behandelt. Denken Sie jedoch daran, daß die hier aufgeführten Beispiele nicht automatisch für Ihr Kind gelten und daß die verschiedenen Dimensionen der Körpersprache stets in Verbindung miteinander wirken. Die nachfolgenden Beispiele geben Ihnen jedoch eine Orientierung, um Ihr Kind besser zu verstehen.

Mimik

Von nun an verwendet Ihr Kind seine Mimik als wichtigstes Mittel der nonverbalen Kommunikation. Die Mimik kann eine Vielzahl von Bedeutungen haben. Jede von ihnen entsteht durch eine geringe Veränderung der Gesichtsmuskulatur. So ist beispielsweise nicht viel erforderlich, um aus einem Lächeln ein höhnisches Grinsen zu machen, es bedarf nur einer kleinen Muskelzuckung seitlich der Mundwinkel; und das einfache Anheben einer Augenbraue verwandelt ein Lächeln in einen fragenden Blick. Der Gesichtsausdruck hat daher große Aussagekraft.

Für jeden Gesichtsausdruck ist eine große Anzahl von Muskeln, Nervenbahnen und Nervenzellen im Einsatz. Wenn Sie jemals versucht haben, mit einer Marionette zu spielen, so werden Sie festgestellt haben, wie schwierig es ist, deren Bewegungen über die an den Gliedmaßen befestigten vier Fäden zu koordinieren. Stellen Sie sich vor, Tausende von Gliedmaßen und Tausende von Möglichkeiten, in denen sich diese Gliedmaßen bewegen lassen, koordiniert zu bewegen – nicht gerade einfach! Und doch tut Ihr Kind genau dies, wenn es seinen Gesichtsausdruck verändert. In jeder Gesichtspartie sind viele verschiedene Muskeln aktiv, und alle lassen sich zu einem Teil des Gehirns zurückverfolgen, der mehrere tausend Nervenzellen enthält. Und dabei verändert Ihr Kind seinen Gesichtsausdruck ohne jedes Training! Kein Wunder, daß Wissenschaftler glauben, die Körpersprache sei angeboren.

Wie viele verschiedene Gefühle lassen sich Ihrer Ansicht nach durch einen einzigen Gesichtsausdruck übermitteln? Versuchen Sie es vor einem Spiegel: Sie werden überrascht sein, wie viele Gefühle Sie auf diesem Weg ausdrücken können. Forschungsergebnisse haben bestätigt, daß Ihr Kind durch seinen Gesichtsausdruck nur sechs bis acht Gefühle eindeutig ausdrücken kann: Glücklichsein, Schock, Wut, Sich-unglücklich-Fühlen, Furcht und Abneigung. Es gibt jedoch weitaus mehr Möglichkeiten, diese Emotionen über den Gesichtsausdruck zu vermitteln.

Es lassen sich fünf Arten von Mimik unterscheiden:

1. Kopfhaltung. Während Ihr Kind mit Ihnen spricht, kann es seine Kopfhaltung variieren. Es kann seinen Kopf aufrichten, Sie anschauen und damit seine Bereitschaft zum Kooperieren und Zuhören signalisieren. Es kann den

Kopf leicht zur Seite neigen und zeigt damit deutliches Interesse und das Verlangen, mehr zu hören. Es nickt zum Zeichen der Zustimmung und schüttelt den Kopf zum Zeichen der Ablehnung, oder es hält den Kopf nach unten geneigt und zeigt damit Feindseligkeit und Wut.

2. Mund. Ihr Kind kann lächeln (Glücklichsein, Gelächter), die Mundwinkel nach unten ziehen (Unglücklichsein, Enttäuschung), die Lippen nach vorn schieben (Wut, Bestimmtheit) oder leicht öffnen (Konzentration, Neugier). Seine Mundwinkel können nach oben zeigen (Hohn, Ekel), oder die Lippen sind geschlossen und bilden eine grade Linie bilden (versteckte Wut, Desinteresse).

3. Augen. Die Augen Ihres Kindes können weit geöffnet (Überraschung, Vergnügen, Schrecken, Spott) oder fest geschlossen (Wut, Bestimmtheit, Furcht) sein. Sie können verkniffen und halb geschlossen (Wut, Ekel) oder entspannt und halb geschlossen (Schläfrigkeit, Entspannung, Wohlbehagen) sein. Sie können auch normal geöffnet sein (Zufriedenheit, Entspannung) oder weit offen stehen und glänzen (Aufgeregtheit, Vergnügen, Glücklichsein).

4. Augenbrauen und Stirn. Stirn und Augenbrauen Ihres Kindes können dicht gefurcht (Wut, Bestimmtheit) oder völlig entspannt (Vergnügen, Behagen, Befriedigung) sein. Die Brauen können erhoben sein bei entspannter Gesichtsmuskulatur (Verwirrung, Zweifel, Neugier), bei angespannter Gesichtsmuskulatur (Furcht, Angst, Schmerz) oder bei gleichzeitig offenem Mund (Schreck, Überraschung).

5. Zunge. Obwohl der Einsatz der Zunge zur Übermittlung von Gefühlen im Laufe der Kindheit abnimmt, ist er vor allem in dieser Altersstufe üblich und geschieht oft bewußt. Die Zunge Ihres Kindes kann deutlich aus dem Mund herausschauen (Unverschämtheit, Trotz, Wut) oder leicht hervortreten (Konzentration, Entspannung, Zufriedenheit). Ihr Kind kann sich auch die Lippen lecken (Durst, Erwartung).

Soziale Distanz

Jedes Kind braucht seinen eigenen persönlichen Raum, auch „soziale Distanz“ genannt, da es um den Abstand zu der neben ihm stehenden Person geht, und es wird unruhig, wenn andere in diesen Raum eindringen. Wieviel Raum ein Kind zu einem bestimmten Zeitpunkt benötigt, hängt jedoch stets von der jeweiligen Situation ab. So hat Ihr Kind beispielsweise nichts dagegen, daß Sie dicht bei ihm sitzen und seine Hand halten, während es diese Geste bei einen ihm völlig fremden Menschen zurückweisen würde. Und es kann sein, daß es nicht einmal Ihre Nähe mag, wenn es mit seinen Freunden und Freundinnen zusammen ist. Es gibt viele Faktoren, die Sie berücksichtigen sollten. Entsprechend benutzt Ihr Kind die soziale Distanz, um nonverbal Gefühle und Einstellungen zu vermitteln.

Psychologen kamen bei der Untersuchung der sozialen Distanz zum Ergebnis, daß sich vier Hauptbereiche unterscheiden lassen:

1. Der innere Kreis. Dieser Bereich umschließt den Körper Ihres Kindes mit einem Radius von etwa 45 Zentimetern. Es gestattet das Betreten dieses Kreises nur Menschen, die es sehr gut kennt, etwa Ihnen, seinen Geschwistern, guten Freunden oder nahen Verwandten, da es in diesem Bereich der sozialen Distanz sehr verletzlich ist. Bevor sich ein Mensch so weit nähern darf, muß es ihm vertrauen. Befindet sich jemand in diesem inneren Kreis, so kann Ihr Kind die Person hören, riechen und berühren, ihren Gesichtsausdruck wegen der großen Nähe jedoch nicht deutlich wahrnehmen. Es muß sich daher wohl fühlen, bevor es den Zugang gestattet.

2. Der persönliche Kreis. Dieser Bereich hat einen Radius von 45–120 cm. Während einer normalen Unterhaltung oder bei alltäglichen Verrichtungen hält es diesen Abstand zu anderen Personen. Sensorische Schlüsselerfahrungen, wie Riechen und Tasten, sind in diesem Bereich der sozialen Distanz nicht möglich. Ihr Kind kann die andere Person dennoch deutlich wahrnehmen. Es ist ein sicherer Kreis, in dem sich Ihr wesentlich geschützter fühlt als im inneren Kreis.

3. Der soziale Kreis. Dieser Bereich umgibt Ihr Kind mit einem Radius von 1,20–3,60 m. Es hält diese Distanz in förmlicheren, weniger entspannten Situationen, etwa wenn es von Ihnen getadelt wird oder wenn es seinem Lehrer eine Frage stellen möchte. Kinder halten diese Distanz auch ein, wenn sie sich einer fremden Person nähern, zum Beispiel, wenn sie in einem Laden etwas kaufen. Diese soziale Distanz wird nicht gewahrt, wenn Ihr Kind entspannt ist.

4. Der offene Kreis. Dieser Bereich hat einen Radius von 3,60 m und mehr. Sie werden es selten erleben, daß Ihr Kind diesen Kreis zu Hause gebraucht, da dieser Teil der persönlichen Sphäre großen Gruppen vorbehalten ist, vor denen es sich produziert. So mag es diesen Bereich beispielsweise verwenden, wenn es im Kindergarten ein Lied singt, ein kleines Stück auf dem Musikinstrument vorspielt, das es gerade lernt, oder der ganzen Klasse seine Neuigkeiten erzählt.

Betrachtet man die Art, in der Ihr Kind von seiner individuellen Sphäre bzw. von seiner sozialen Distanz Gebrauch macht, so erfährt man eine Menge über seine aktuellen Stimmungen und Emotionen. Wenn es sich über Sie ärgert oder sich vorgenommen hat, eine Tätigkeit selbständig und ohne Ihre Hilfe zu Ende zu führen, wird es Sie aus seinem inneren Kreis heraushalten. Es wird Ihnen den Zutritt zu diesem Bereich nur dann gestatten, wenn es sich entspannt und behaglich oder unsicher fühlt und umarmt werden möchte. Beobachten Sie, wie es in der Spielgruppe oder im Kindergarten verhält, wenn es zum ersten Mal auf andere Kinder trifft. Sie werden sehen, wie es diese Kinder im sozialen Kreis hält und die Distanz erst allmählich verringert, bis sie sich in seinem persönlichen Kreis befinden. Wenn Sie beide zu Hause sind, und Ihr Kind hält Sie im öffentlichen Kreis, so bedeutet dies für gewöhnlich, daß es wütend auf Sie ist.

Körperhaltung

Wenn Ihr Kind bei Ihnen ist oder mit Ihnen spricht, so verrät Ihnen seine Körperhaltung sehr eindeutig seine Gefühle. Entfernt es sich beispielsweise mitten im Gespräch und wendet Ihnen den Rücken zu, so können Sie ziemlich sicher sein, daß ihm nicht gefällt, was Sie ihm gerade sagen.

Sie sollten dabei etwa auf folgende Körperhaltungen achten:

- Ihr Kind steht vor Ihnen, stemmt die Hände in die Hüften und schaut Ihnen direkt ins Gesicht. Dies zeigt für gewöhnlich seine Bestimmtheit und seine Wut. Es ist eine selbstbewußte, herausfordernde und entschlossene Haltung. Eltern sind oft überrascht, wenn ihr Kind in diesem Alter so direkt ist.
- Ihr Kind sitzt vornübergebeugt auf einem Stuhl. Dies zeigt gewöhnlich sein Interesse. In entspanntem Zustand hilft ihm diese Haltung, sich zu konzentrieren und seine Aufmerksamkeit auf einen Punkt zu richten. In angespanntem Zustand kann eine vornübergebeugte Haltung aber auch bedeuten, daß Ihr Kind seine Argumentation unterstreichen will.
- Ihr Kind sitzt neben Ihnen, hat sich jedoch abgewandt. So bringt es gewöhnlich seine negativen Gefühle Ihnen gegenüber zum Ausdruck. Ihr Kind hat sich noch nicht dazu entschlossen, den Raum zu verlassen, die abgewinkelte Haltung ist jedoch seine Art, Ihnen „die kalte Schulter zu zeigen".
- Ihr Kind steht da und hat die Hände in den Taschen. Dies zeigt gewöhnlich, daß es sich entspannt fühlt. Hände in den Taschen bedeuten eine friedliche Geste, und wenn Ihr Kind Ihnen in dieser Haltung direkt gegenübersteht, so fühlt es sich in Ihrer Gegenwart sicher, geborgen und wohl.
- Ihr Kind sitzt oder steht mit verschränkten Armen da. Wenn es sich vornüber beugt, ist es wahrscheinlich in keiner guten Stimmung – verschränkte Arme können eine aggressive Geste sein. Lehnt es sich jedoch zurück, so ist es wahrscheinlich glücklich.

Augenbewegungen

„Die Augen sind die Spiegel der Seele." So lautet ein bekanntes Sprichwort, und die meisten Studierenden der Körpersprache würden dem zustimmen. Und in der Tat zeigt sich dies auch im alltäglichen Sprachgebrauch in Formulierungen wie „mit Blicken durchbohren", „wenn Blicke töten könnten", „er hat ein hinterhältiges Glitzern in den Augen", „sie hat den bösen Blick" oder „ein durchdringender Blick" etc.

Der Gefühlsausdruck über die Augen läßt sich am eindeutigsten von der Pupille ablesen. Beobachten Sie Ihr Kind, wenn es aufgeregt ist: Sie werden feststellen, daß sich seine Pupillen bis auf das Drei- bis Vierfache ihres normalen Durchmessers vergrößern. Dies geschieht, weil Ihr Kind mehr von seiner Umgebung aufnehmen möchte, und durch die erweiterte Pupille gelangt mehr Licht ins Auge – obwohl dies eine unbewußte und keine bewußte Reaktion ist. In ähnlicher Weise kneift es die Augen zusammen, und die Pupillen verengen sich und lassen dadurch weniger Licht herein. Es ist, als ob Ihr Kind Sie dadurch nicht mehr so klar erkennen könnte.

Wichtig ist auch die Anzahl der Blickkontakte während einer Unterhaltung. Psychologen haben berechnet, daß ein durchschnittlicher Blickkontakt während eines normalen Gesprächs zwischen Eltern und Kind etwa zwei Sekunden dauert, bevor er von einem der Beteiligten abgebrochen wird, und daß Sie und Ihr Kind etwa ein Drittel der Gesprächsdauer Blickkontakt halten. Wenn Ihnen Ihr Kind zuhört, schaut es Sie etwa in 75 Prozent der Zeit an, und wenn es mit Ihnen spricht, schaut es Sie weniger als die Hälfte der Zeit an. Hält Ihr Kind während eines Gesprächs weniger als ein Viertel der Zeit Blickkontakt, so könnte es sich wegen irgend etwas schuldig fühlen. Wenn es nervös oder ängstlich ist, so kann es Ihnen möglicherweise überhaupt nicht in die Augen schauen. Mit anderen Worten: Es weicht Ihrem Blick aus.

Hand- und Armbewegungen

Abgesehen von eindeutig definierten Handgesten, etwa dem nach oben gerichteten Daumen zum Zeichen, daß alles in Ordnung ist, oder der mit nach vorn zeigender Handfläche erhobenen Hand als Stop-Zeichen, gibt es noch viel mehr subtile Gesten, die Ihr Kind als Bestandteil seines nonverbalen Repertoires nutzt.

Folgende Arm- oder Handgesten kommen bei Kindern dieser Altersgruppe häufig vor:

- Ihr Kind legt die Hand über den Mund. Gewöhnlich hat es dabei auch einen verblüfften Gesichtsausdruck, als ob es erschrocken ist oder als ob ihm plötzlich einfällt, daß es vergessen hat, Ihnen etwas Wichtiges zu sagen.
- Ihr Kind kratzt sich mit der Hand im Nacken. Es fühlt sich verlegen oder gar bestürzt – und plötzlich ist da dieses eingebildete Jucken, und es muß sich kratzen. Die gleiche Geste kann bedeuten, daß es verwirrt und durcheinander ist und nicht weiß, was es als nächstes tun soll.
- Die Hand Ihres Kindes liegt fest auf dem Scheitel, die Stirn ist gerunzelt: Es ist angespannt, vielleicht sogar wütend, vor allem, wenn es sich mit der Hand an den Kopf schlägt. Diese Geste geht gewöhnlich dem Weinen voraus.
- Ihr Kind hat den Daumen oder einen Finger im Mund.

Das kommt gerade in diesem Alter oft vor, wenn das Kind sein Wohlbefinden ausdrücken will. Sie müssen sich darüber keine Gedanken machen, dies zeigt lediglich, daß es sich im Augenblick entspannt fühlt und mit den Dingen um sich herum glücklich ist.

- Ihr Kind hält die Hände zusammen. Dies ist für gewöhnlich Zeichen seiner Anspannung, wenn es zum Beispiel gerade getadelt wird oder eine kleine Darbietung vorführt. Ihr Kind hält sich sozusagen an seiner eigenen Hand fest und fühlt sich dadurch in Streßsituationen sicher und geborgen.
- Ihr Kind streicht sich mit der Hand leicht über das Kinn. Es ist bereit, eine Entscheidung zu treffen, etwa darüber, was es trinken möchte oder welchen Keks es essen möchte. Das Streicheln über das Kinn ermöglicht ihm, klarer zu denken und das Pro und Kontra jeder Alternative abzuwägen.

Beinbewegungen

Jetzt, da Ihr Kind in vollem Umfang beweglich ist, nachdem es Laufen gelernt und den Babyspeck, der seine Bewegungen behinderte, verloren hat, steht ihm eine Vielfalt an Gesten mit den Beinen zur Verfügung, von denen jede einzelne Bestandteil seiner nonverbalen Kommunikation ist.

Folgende Beingesten lassen sich bei Kindern in diesem Alter häufig beobachten:

- Ihr Kind steht, tritt jedoch von einem Fuß auf den anderen. Dies bedeutet vermutlich, daß es sich langweilt und die Situation verändern möchte. Seine Frustration baut sich auf – tun Sie etwas, um Ihrem Kind Erleichterung zu verschaffen, bevor es gereizt wird.

- Ihr Kind schlägt im Sitzen die Beine übereinander. Es ist entspannt, im Einklang mit sich selbst, vor allem, wenn diese Haltung beim Fernsehen oder während eines Gesprächs mit Ihnen oder seinen Freunden bzw. Freundinnen eingenommen wird. Auch wenn dabei abwechselnd das linke und dann wieder das rechte Bein oben liegt, ist dies kein Zeichen von Nervosität. Ihr Kind fühlt sich wohl.
- Ihr Kind hat die Beine übereinandergeschlagen und gleichzeitig die Arme verschränkt. Dies ist eine der aggressivsten und trotzigsten Gesten, die ein Kind machen kann, ohne dabei ein Wort zu sagen. Die Aggressivität wird noch betont, wenn es dabei die Augenbrauen zusammenzieht.
- Ihr Kind steht und kratzt die Rückseite eines Beins abwesend mit dem Fuß des anderen Beins. Es ist betroffen über irgend etwas, möchte dies jedoch nicht zugeben. Diese Geste kann auch bedeuten, daß es verwirrt ist und nicht weiß, was es als nächstes tun soll.
- Ihr Kind sitzt breitbeinig auf dem Boden oder auf der Kante eines Stuhls. Es möchte im Augenblick ein wenig Freiraum für sich haben. Die breitbeinige Haltung signalisiert jedem, der sich vielleicht neben Ihr Kind setzen wollte, ihm fernzubleiben.
- Ihr Kind tritt oder stößt mit den Füßen um sich. Auch wenn es dies im Spiel tut, so hat diese Geste auf jeden Fall auch etwas Feindseliges an sich, etwa die unmittelbare Entladung seiner inneren Wut. Das Treten mit den Füßen kann gegen ein anderes Kind oder einen Gegenstand gerichtet sein.

Berührungsgesten

Eine unserer intimsten Handlungen besteht im Berühren eines anderen Menschen. Berühren ist eine sehr einfache Geste, die vom Augenblick der Geburt an Fürsorge und Zuneigung bedeutet. Sobald eine Mutter ihr Baby das erste Mal erblickt, möchte sie es instinktiv im Arm halten, und das Stillen hängt vollständig von der Berührung zwischen Mutter und Kind ab. Selbst ein mit dem Fläschchen gefüttertes Kind wird von den Eltern im Arm gehalten. Angeborene Reflexe werden oft durch Berührung ausgelöst. Legt man beispielsweise den Finger in die Handfläche des Babys, so umschließen ihn die kleinen Fingerchen automatisch und lassen ihn fast nicht mehr los. Und streicht man dem Baby sanft über die Wange, so dreht es sich automatisch in die Richtung, aus welcher der Finger kam.

Während der Entwicklung Ihres Kindes bis zum Vorschulalter bleibt Berührung ein unverzichtbarer Bestandteil emotionaler Befriedigung, kommt jedoch auf verschiedene Weise zum Ausdruck. Ihr Kind möchte sich an Ihrer Hand festhalten, wenn Sie zusammen nach draußen gehen, es klammert sich an Sie, wenn es sich fürchtet, und es sitzt gern auf Ihren Knien und läßt sich knuddeln, wenn es müde ist oder wenn Sie fernsehen. Das Spiel mit Freunden und Freundinnen beinhaltet oft Körperkontakt – kleine Kinder lieben zum Teil auch aus diesem Grund rauhe Spiele und Balgereien. Mit zunehmendem Alter nimmt das Bedürfnis Ihres Kindes für diese Art von Spielen jedoch ab. Im Alter von 13 oder 14 Jahren ist Berührung beinahe ausschließlich besonderen Familienanlässen vorbehalten, etwa bei der Begrüßung von Verwandten, bei der Umarmung von Bruder oder Schwester zum Geburtstag oder bei einer ersten

„großen" Liebe. Ansonsten sind Berührungen jedoch gegenseitig, um anderen die eigenen Gefühle mitzuteilen und die Gefühle anderer vermittelt zu bekommen.

Das Bedürfnis nach Berührung wird durch die Persönlichkeit beeinflußt. Führen Sie sich die Kinder und Erwachsenen vor Augen, die Sie kennen. Manche legen großen Wert auf Körperkontakt: ein Händeschütteln zur Begrüßung, ein leichtes Berühren der Schulter zur Verabschiedung oder, an Ihrem Geburtstag, ein kleiner Kuß auf die Wange beim Gratulieren. Andere Menschen in Ihrer Umgebung haben eine weniger ausgeprägte Körpersprache und halten sich mit Berührungen eher zurück, etwa diejenigen, die ohne Körperkontakt lediglich „Auf Wiedersehen" sagen, oder die Sie mit einem „Gut gemacht" loben, ohne Ihnen jedoch dabei auf die Schulter zu klopfen. Es ist eine Frage der Persönlichkeit – in den meisten Fällen besteht kein Zusammenhang zwischen den angeborenen Gefühlen von Wärme, Liebe und Miteinander eines Kindes und dem Umfang an körperlicher Berührung, die es anderen zukommen läßt oder selbst erfährt.

Ferner hat Ihr Kind, wie jeder Mensch, das Recht zu entscheiden, wann es berührt werden will und wann nicht. Es muß seine Entscheidung sein. Bisweilen zwingen Erwachsene einem kleinen Kind wider seinen Willen Körperkontakt auf, so etwa die Tante, die es lange nicht gesehen hat und nun mit Küssen überhäuft. Natürlich ist dieser Kontakt gut gemeint und entsteht nur aus Liebe, das bedeutet jedoch nicht, daß das Kind ihn offen akzeptieren muß, wenn es sich dadurch unwohl fühlt. Auf keinen Fall sollten Sie Ihrem Kind den Körperkontakt aufzwingen.

In folgenden Situationen, unterstreicht Ihr Kind seine Vorstellungen und Gefühle mittels Berührung:

- Ihr Kind küßt Sie auf die Wange. Es fühlt sich Ihnen zugeneigt. Alle Eltern lieben diese Art der spontanen Geste an Ihrem Kind, weil sie einen so einfachen Liebesbeweis darstellt. Es bedeutet jedoch nicht, daß Ihr Kind Sie zurückweist, wenn es Ihnen nicht die ganze Zeit Küßchen gibt!
- Ihr Kind lehnt sich an Sie, während Sie dasitzen und lesen oder fernsehen. Es möchte neben Ihnen sitzen, weil es sich in Ihrer Gegenwart im Augenblick sehr behaglich fühlt. Es mag sich auch auf Sie legen und alle Viere von sich strecken, ohne wirklich wahrzunehmen, was es tut.
- Ihr Kind hält Ihre Hand. Diese Geste hat verschiedene Bedeutungen, abhängig von den anderen Komponenten seiner Körpersprache. Sie kann zum Beispiel Schrecken bedeuten, wenn es angespannt ist, sie kann Vergnügen ausdrücken, wenn es lächelt und entspannt ist, und sie kann Begeisterung zeigen, wenn Ihr Kind Sie in eine bestimmte Richtung zieht.
- Ihr Kind stößt Sie fort. Zusammen mit anderen Formen der Berührung, wie Schlagen und Kratzen, ist dies ein Zeichen seiner Aggression und Wut. Es ist eine instinktive Reaktion, in der sich sowohl Verteidigung als auch Angriff vereinen.
- Ihr Kind schmiegt sich an Sie. Es mag sein, daß es mit Ihnen glücklich ist. Vielleicht bedeutet es aber auch Furcht, Unsicherheit oder Selbstmitleid wegen etwas, das zuvor geschehen ist. Achten Sie auf seine übrige Körpersprache, und fragen Sie Ihr Kind, wie sein Tag gewesen ist.

Zusammenfassung

Ab drei Jahren wird die Körpersprache Ihres Kindes differenzierter und beginnt der von Erwachsenen ähnlich zu werden. Für Sie wird es nun schwerer, seine nonverbale Kommunikation zu interpretieren. Die wichtigsten Formen der Körpersprache umfassen in diesem Alter die Mimik, die soziale Distanz, Körperhaltung, Augenbewegungen, Hand-, Arm- und Beinbewegungen und Berührungsgesten.

5.
Was Ihr Kind Ihnen sagt

Vorbemerkung

In dieser Lebensphase verbessert Ihr Kind bereits vorhandene Fähigkeiten, und es kommen ständig neue hinzu. Betrachtet man die körperlichen Veränderungen, so wächst es jährlich um fünf bis siebeneinhalb Zentimeter, so daß es im Alter von sechs Jahren etwa zwei Drittel der Körpergröße erreicht hat, die es im Erwachsenenalter haben wird. Es wird schlanker, Knochen und Muskeln werden kräftiger, und der Kiefer verbreitert sich, um Platz zu schaffen für die zweiten und bleibenden Zähne. Das Gehirn wächst langsamer. Das Gehirn eines Sechsjährigen ist jedoch schon beinahe so groß wie das eines Erwachsenen.

Auch die Koordination Ihres Kindes verbessert sich in diesem Lebensabschnitt stetig. Seine Arm- und Beinbewegungen sind koordinierter, fließender und sicherer, und dies erhöht auch seine Fähigkeit bei der Übermittlung nonverbaler Botschaften. Ferner machen auch seine sozialen Fähigkeiten Fortschritte, und es spielt immer öfter gerne mit anderen Kindern. Allein zu spielen ist nicht länger interessant, und das Bedürfnis, mit gleichaltrigen Kindern zu spielen, wird immer stärker. Das soziale Bewußtsein Ihres Kindes nimmt zu; es möchte von seinen Freunden und Freundinnen akzeptiert werden, so daß es mit ihnen spielen und an ihren Unternehmungen teilhaben kann. Ab diesem Alter lernt Ihr Kind auch, sich mit anderen abzuwechseln, Dinge mit anderen zu teilen und sich mit anderen gemeinsam zu beschäftigen. Diese Fähigkeiten sind von großer Bedeutung für den Erfolg beim Umgang mit anderen Kindern im gleichen Alter und Entwicklungsstadium. Jetzt entstehen Freundschaften, die allerdings noch sehr oberflächlich sind und sich von einem Tag auf den anderen oder gar stündlich verändern können. Hat Ihr Kind jedoch ein Alter von sechs Jahren erreicht, halten seine Freundschaften länger.

Die Zeit des Kindergartens und die ersten Grundschuljahre sind weitere wichtige Abschnitte in dieser Entwicklungsphase. Ihr Kind sortiert gerne Gegenstände nach Form, Farbe oder anderen Kriterien. Es löst gerne schwierige Aufgaben, wie zum Beispiel Puzzles oder Wort- und Symbol-Spiele. In dieser Zeit werden die Grundlagen für seinen späteren schulischen Erfolg geschaffen.

Auch die kindliche Phantasie nimmt nun stetig zu. Ihr Kind kann seine Phantasie einsetzen, um über vergangene Erfahrungen oder auch über niemals Geschehenes nachzudenken. Es ist nicht mehr an das Hier und Jetzt gebunden, wie noch als Kleinkind. Sie werden feststellen, daß es sich jetzt sehr stark mit Phantasiespielen beschäftigt. Ganz besonders mag es Rollenspiele mit seinen Freunden, und es tut gern so, als sei es jemand anderes.

Gefühle des Kindes

Die folgende Aufstellung zeigt die wichtigsten Gefühle im Leben Ihres Kindes zwischen drei und sechs Jahren und wie diese für gewöhnlich ausgedrückt werden. Jedes dieser Gefühle kommt in der Körpersprache Ihres Kindes zum Ausdruck:

Gefühl	**Ausdrucksweise**
Trennung von Bezugspersonen	Etwa im Alter von drei Jahren kommt Ihr Kind vielleicht in eine Spielgruppe oder in den Kindergarten. Dies ist eine Herausforderung, denn es muß nun lernen, selbst damit umzugehen, daß Sie nicht immer bei ihm sind.
Ziele erreichen	Mit sechs Jahren wird Ihr Kind eingeschult. Damit beginnt eine wichtige Übergangsphase. Es möchte Erfolg haben und seine Sache mindestens so gut machen wie seine Freunde, Freundinnen und Klassenkameraden.
Aufregung	Der Verstand Ihres Kindes nimmt zu, und es sucht sich immer wieder Herausforderungen. Es wagt ganz neue Dinge, selbst wenn es sich dabei in Gefahr bringen könnte.

Unsicherheit	Trotz seiner Erfolge wird die Leistung Ihres Kindes seinen eigenen Erwartungen sehr oft nicht entsprechen. Es wird unsicher und verliert das Selbstvertrauen.
Freundlichkeit	Kontakte in der Bezugsgruppe werden sehr wichtig. Durch sie lernt Ihr Kind viel über sich selbst und über den Umgang mit Gleichaltrigen. Es beginnt, sich mit anderen zu vergleichen.
Liebe	Das Paradoxe an dieser Entwicklungsphase ist, daß Ihr Kind einerseits eine enge, liebevolle Beziehung zu Ihnen dringend braucht, sich andererseits jedoch immer stärker von Ihnen fortentwickelt. Seine Verbundenheit mit Ihnen nimmt zu.

So erkennen Sie die Gefühle des Kindes an seiner Körpersprache

Trennung von Bezugspersonen

Dieser Lebensabschnitt bringt für Ihr Kind kurze vorübergehende Trennungen von Ihnen mit sich, etwa wenn es in der Spielgruppe, im Kindergarten oder beim Babysitter beaufsichtigt wird. Sehr wahrscheinlich wird es diese Trennungen von Ihnen zunächst nicht mögen, obwohl es sich allmählich daran gewöhnen wird. Bis dieses Stadium des Vertrauens erreicht ist, wird Ihr Kind jedoch immer bei Ihnen sein wollen.

In folgender Art und Weise teilt Ihnen Ihr Kind durch seine Körpersprache mit: **„Ich weiß, daß diese Sache**

Spaß machen wird, möchte aber nicht ohne dich hingehen."

1. **Ihr Kind reibt sich den Bauch, als hätte es Bauchschmerzen.** Seine Angst kann sich in Form von Kopf- oder Bauchschmerzen zeigen. Diese Schmerzen sind sehr real, auch wenn sie eher eine seelische als eine körperliche Ursache haben. So werden Sie beispielsweise feststellen, daß Ihr Kind am Vorabend seines ersten Tages im Kindergarten über diese Art von Schmerzen klagt.
2. **Ihr Kind wirkt passiv und lethargisch.** Normalerweise begeistert sich Ihr Kind für alles Neue, seien es Freundschaften oder Beschäftigungen. Zeigt sein Verhalten jedoch genau das Gegenteil, nämlich hängende Schultern und einen gesenkten Kopf, so bedeutet dies, daß es Angst davor hat, Sie zu verlassen.
3. **Ihr Kind umklammert auf dem Weg zum Kindergarten ganz fest Ihre Hand.** Furcht vor dem Unbekannten macht ihm Angst, und wenn es ängstlich ist, möchte es Sie nicht loslassen. Natürlich umklammert es Ihre Hand bisweilen auch, wenn es glücklich ist – auf dem Weg in den Kindergarten oder zur Schule hat es jedoch sehr wahrscheinlich Angst vor der neuen Umgebung.
4. **Ihr Kind trödelt beim Anziehen.** Ist Ihr Kind morgens träge oder trödelt herum, so bringt es dadurch zum Ausdruck, daß es keine Eile hat, den neuen Tag zu beginnen. Wenn Ihr Kind dagegen voller Erwartung auf etwas erwacht, das später am Vormittag geschehen soll, so können Sie sicher sein, daß es schon früh hellwach und vollständig angezogen ist. Das bewirkt sein natürlicher Enthusiasmus.

5. Das Gesicht Ihres Kindes wirkt angespannt. Inzwischen kennen Sie Ihr Kind gut genug, um zu wissen, ob sein Lächeln Ausdruck echten Vergnügens ist oder ob sich dahinter Angst verbirgt. Achten Sie auf Signale, die Ihnen zeigen, daß sein Lächeln gespielt ist: ein gesenktes Haupt, eine stark angespannte Muskulatur um Mund und Auge oder eine Hand, die nervös am Ohrläppchen zupft.

Wie Sie auf die Trennungsangst Ihres Kindes reagieren können

Sagen Sie Ihrem Kind von vornherein, daß Sie eine gewisse Zeitlang nicht bei ihm sein werden – es braucht Zeit, um sich auf diese schwierige seelische Herausforderung vorzubereiten. Darüber hinaus wird es das Vertrauen in Sie verlieren, wenn Sie es einer Trennung ohne jeden Übergang aussetzen. Unabhängig davon, ob Ihrem Kind diese Trennungen von Ihnen schwerfallen oder nicht: Versichern Sie ihm, daß es glücklich sein wird und sich sicher fühlen kann, auch wenn Sie nicht bei ihm sind. Diese Zusicherung hilft ihm, sich zu beruhigen. Natürlich sollten Sie dabei selbst ruhig bleiben. Besorgnis ist ansteckend, vor allem zwischen Eltern und Kind. Bleiben Sie selbst locker, denn Ihre Angespanntheit überträgt sich auch auf Ihr Kind.

Erinnern Sie es in jedem Fall daran, daß Sie es später wieder abholen werden. Dies mag Ihnen selbstverständlich erscheinen, muß Ihrem Kind jedoch nicht notwendigerweise klar sein. Erklären Sie ihm, daß Sie bald zurück sein werden, und kehren Sie rechtzeitig zurück, damit Ihr Kind nicht herumsteht und sich einsam fühlt. Ob in einer Spielgruppe, im Kindergarten, in einer Freizeitgruppe oder bei einem Freund oder einer Freundin: Sprechen Sie mit Ihrem Kind zu Hause über seine Erlebnisse. Ihr Interesse an den Ereignissen des Tages und Ihre Begeisterung darüber werden sich in positiver Weise auf Ihr Kind übertragen, und es wird sich gut fühlen. Es wird seine Trennungsangst allmählich überwinden und von Mal zu Mal mehr Vertrauen bekommen.

Ziele

Der Schulbeginn markiert einen entscheidenden Einschnitt im Leben Ihres Kindes. Es befindet sich nicht länger in einer rein spielerischen Umgebung. Man erwartet nun von ihm, daß es sich an Verhaltensregeln einer Gruppe anpaßt, kooperativ mit anderen zusammenarbeitet, auf die Worte des Lehrers oder der Lehrerin hört und aufmerksam reagiert. Lernziele gewinnen an Bedeutung. Die neuen Lerngebiete – Lesen, Schreiben und Rechnen – versetzen das Kind vermutlich zum ersten Mal in seinem jungen Leben in eine Wettkampfsituation. Es vergleicht seine eigenen Fortschritte und Erfolge mit denen der Klassenkameraden, und wenn es hinter den anderen zurückbleibt, leidet sein Selbstbewußtsein darunter. Jedes Kind möchte in der Schule gut sein.

In folgender Art und Weise teilt Ihnen Ihr Kind durch seine Körpersprache mit: **„Mir geht es nicht gut, weil ich mit dem Tempo in meiner Klasse nicht Schritt halten kann.“**

1. Ihr Kind verbringt unverhältnismäßig viel oder wenig Zeit mit seinen Hausaufgaben. Wenn ein

Grundschulkind das Gefühl hat, es sei nicht so gut wie die anderen in seiner Klasse, wird es zu Hause entweder zuviel Zeit mit seinen Hausaufgaben verbringen oder sich dagegen sträuben. Dies ist ein deutliches Zeichen von Überforderung.

2. Ihr Kind spricht nicht gerne über die Schule. Obwohl nicht alle Kinder dasselbe Mitteilungsbedürfnis verspüren, dürfen Sie davon ausgehen, daß Ihr Kind Ihnen in der Regel vom Schultag berichtet. Wenn es nur ungern über die Schule spricht oder versucht, das Thema zu wechseln, besteht die Wahrscheinlichkeit, daß sein Erfolg hinter seinen Erwartungen zurückgeblieben ist.

3. Ihr Kind beteiligt sich nur widerwillig an Freizeitaktivitäten. Erreicht Ihr Kind seine schulischen Ziele nicht, so führt dies auch in anderen Lebensbereichen zu einem Verlust an Selbstvertrauen. Oft entsteht ein Dominoeffekt: Plötzlich entdecken Sie beispielsweise, daß es nicht mehr in den Ballettunterricht gehen mag, an dem es seit Jahren mit viel Freude teilgenommen hat.

4. Ihr Kind ist leicht frustriert. Rascher als vor dem Beginn des Schulbesuchs verliert Ihr Kind die Kontrolle über seine Beherrschung und wird wütend. In einem Augenblick ist es noch ausgeglichen, und im nächsten Moment ist sein Gesicht angespannt, die Fäuste sind geballt, und es stapft wütend durchs Zimmer. Diese Reaktion des Kindes, die angesichts eines eher unbedeutenden Vorfalls übertrieben erscheint, bringt möglicherweise zum Ausdruck, daß es mit sich selbst höchst unzufrieden ist.

5. Ihr Kind achtet nicht auf seine Schulsachen. Wenn Ihr Kind seinen Schulranzen unordentlich packt und ständig Stifte verliert oder Hefte und Bücher vergißt, so ist dies möglicherweise ein Zeichen dafür, daß es sich der Schulsituation nicht gewachsen fühlt.

Wie Sie auf die Versagensangst Ihres Kindes reagieren können

Geben Sie Ihrem Kind zu verstehen, daß Sie sich seiner Situation bewußt sind. Es hat Ihnen seine Probleme nicht erzählt, weil es sich über die Gründe seines Unglücklichseins entweder gar nicht im Klaren ist oder weil es sich nicht traut, etwas zu sagen. Sprechen Sie es daher direkt auf das Problem an. Fragen Sie es, wie es in der Schule vorankommt, wie es sich beim Arbeiten im Klassenzimmer fühlt etc. Zu Beginn hat Ihr Kind möglicherweise Hemmungen, mit Ihnen zu sprechen, wird sich jedoch nach und nach öffnen. Es geht ihm besser, wenn es seine Gefühle mit Ihnen teilen kann. Erinnern Sie es daran, daß es noch eine Menge anderer Kinder in seiner Klasse gibt, denen die Schule auch nicht leicht fällt, obwohl es deren Schwierigkeiten vielleicht gar nicht wahrnimmt.

Der nächste Schritt besteht darin, Ihrem Kind bei den Aufgaben zu helfen, mit denen es Probleme hat. Hat es Schwierigkeiten beim Lesenlernen, achten Sie darauf, daß Sie zu Hause passenden Lesestoff haben. Vielleicht können Sie auch mit dem Lehrer oder der Lehrerin über die Schwierigkeiten Ihres Kindes sprechen. Übertreiben Sie es jedoch nicht mit dem zusätzlichen Lernen zu Hause: Eine halbe Stunde jeden Abend ist für ein Kind im Alter von sechs oder sieben Jahren völlig ausreichend.

Versichern Sie Ihrem Kind, daß es in Zukunft mehr Erfolg haben wird. Sagen Sie ihm, daß Sie ihm besser helfen können, wenn Sie wissen, was ihm Sorgen bereitet. Dies wird sein Selbstwertgefühl stärken. Sorgen Sie dafür, daß Ihr Kind trotz augenblicklicher Abneigung seine Freizeitaktivitäten nicht aufgibt, denn wenn es bei außerschulischen Beschäftigungen Erfolg hat, wird es den fehlenden Erfolg in der Schule leichter verkraften.

Aufregung

Mit zunehmendem Alter gewinnt Ihr Kind größeres Vertrauen in seine Fähigkeiten beim Umgang mit neuen Erfahrungen. Es ist sehr spontan und leicht für etwas zu begeistern. Noch fehlt Ihrem Kind die Reife, um zu erkennen, daß es bei neuen Aktivitäten lieber vorsichtiger sein sollte, statt sich gleich kopfüber in etwas hineinzustürzen. Beim Rollschuhlaufen denkt es nicht an mögliche Gefahren oder Hindernisse, wie etwa Menschen auf dem Gehsteig oder Autos auf der Straße etc. Was Ihr Kind betrifft, so ist die Welt ein einziger großer Abenteuerspielplatz, ein riesiger Erlebnispark, und es möchte alles sofort ausprobieren, ohne zu warten. Seine inzwischen stark verbesserten Denk- und Koordinationsfähigkeiten öffnen ihm ganz neue Wege und Möglichkeiten, die es alle wahrnehmen möchte. Es ist nicht immer einfach für Sie, die Dynamik und den Enthusiasmus Ihres Kindes in die richtige Richtung zu lenken.

In folgender Art und Weise teilt Ihnen Ihr Kind durch seine Körpersprache mit: **„Ich bin aufgeregt und kann nicht länger warten.“**

1. Ihr Kind tritt unruhig auf der Stelle und klopft sich mit flachen Händen seitlich an die Schenkel. Dies ist eines der deutlichsten Zeichen von Aufregung.

Ihr Kind erscheint ruhelos und zappelig. Seine Körperbewegungen sind abrupt. Es hat auf einmal keinen Appetit mehr, auch wenn es gewöhnlich ein guter Esser ist.

2. Die Augen Ihres Kindes sind weit geöffnet, der Mund steht leicht offen. Es besteht kein Zweifel: Dieser Gesichtsausdruck sagt Ihnen, daß es ganz gespannt ist auf all das Neue, das es erwartet. Die Arme sind nicht verschränkt, die Beine nicht gekreuzt. Sitzt Ihr Kind gerade auf einem Stuhl, nimmt es möglicherweise eine nach vorn gebeugte Haltung ein.

3. Ihr Kind blickt zu Boden, die Augen zusammengezogen, den Körper angespannt. Die Erwartung mag so hoch sein, daß es regelrecht Angst zu bekommen scheint – in der Tat kann Aufregung bei einem kleinen Kind diese Emotion bewirken. Vielleicht fängt es sogar an zu weinen, jedoch nicht vor Angst oder vor Wut, sondern weil ihm die ganze Aufregung auf einmal zuviel wird.

4. Ihr Kind stürzt sich ohne zu fragen in eine neue Beschäftigung. Die Aussicht auf das neue Fahrrad oder das Schwimmbad senkt sein Interesse an möglichen anderen Aktivitäten in seiner Umgebung, die es in diesem Moment als zweitrangig einstuft. Die Tatsache, daß das Kind keine Fragen stellt und keine Gesprächsbereitschaft zeigt, könnte Sie vermuten lassen, daß sich Ihr Kind vielleicht langweilt. Im Gegenteil, es ist im Moment nur viel zu aufgeregt, um zu fragen.

5. Ihr Kind verhält sich ruhig und beginnt seine Umgebung zu ordnen. Es kompensiert die Aufregung, indem es sich auf eine andere Beschäftigung konzentriert, die seine volle Aufmerksamkeit in Anspruch nimmt. So werden Sie etwa sehen, daß Ihr Kind ganz eifrig sein Spielzeug aufräumt oder seine Bücher ordnet, während es doch Ihrer Ansicht nach vor Energie und Dynamik sprühen sollte.

Wie Sie auf die Aufregung Ihres Kindes reagieren können

Die Begeisterung und Erwartungshaltung eines kleinen Kindes können für die Eltern recht erschöpfend sein, vor allem, wenn sie diese Gefühle nicht teilen! Berücksichtigen Sie dabei jedoch, daß die jeweilige Tätigkeit oder das Ereignis für Sie selbst etwas ganz Gewöhnliches, für Ihr Kind jedoch etwas ganz Besonderes ist. Teilen Sie seine Begeisterung und lassen Sie es, falls möglich, wissen, wie schön es für Sie ist, daß es so viel Spaß hat, anstatt zu versuchen, seine Begeisterung zu dämpfen. Sie sollten allerdings darauf achten, daß sich Ihr Kind nicht zu sehr in seine Begeisterung hineinsteigert, und am Ende gar Tränen fließen, denn die Situation kann bei einem Kind in diesem Alter rasch ins Gegenteil umschlagen. Versuchen Sie Ihr Kind zu beruhigen, ohne dadurch seine gute Stimmung zu beeinträchtigen. Sie freuen sich mit, wenn Ihr Kind Spaß hat, möchten jedoch nicht, daß es außer Rand und Band gerät.

Wenn Sie erkennen, daß die Aufregung für Ihr Kind zu groß wird, setzen Sie es hin und geben Sie ihm etwas zu tun. Natürlich wird es sich wehren, denn es ist ja noch voller Tatendrang. Halten Sie es dennoch zu einer ruhigeren Beschäftigung an. Dies wird ihm auch in seiner Zukunft helfen. Sprechen Sie außerdem mit Ihrem Kind über diese Beschäftigung. Dies zeigt ihm, daß Sie sich über seinen Tatendrang freuen: Gleichzeitig verhindern sie, daß Ihr Kind die Aufregung körperlich oder seelisch aufreibt.

Das Schutzbedürfnis ist bei Ihrem Kind in diesem Alter sehr ausgeprägt. Schon ein kleiner Streit oder das Versagen bei einer alltäglichen Aufgabe können das Selbstvertrauen Ihres Kindes erschüttern und es verunsichern. Psychologische Studien haben bestätigt, daß Kinder mit mangelndem Selbstvertrauen in der Schule weniger leisten, als aufgrund ihrer intellektuellen Fähigkeiten zu erwarten wäre. Ferner haben sie Schwierigkeiten, neue Freunde unter Gleichaltrigen zu finden. Ihr Kind braucht Ihre Hilfe und Unterstützung, um sich sicherer zu fühlen.

In folgender Art und Weise teilt Ihnen Ihr Kind durch seine Körpersprache mit: **„Ich bin unsicher und habe kein großes Vertrauen in meine eigenen Fähigkeiten."**

1. Ihr Kind spielt nur ungern mit seinen Freunden. Seine Unsicherheit mindert sein Vergnügen am Zusammensein mit anderen Kindern. Es fühlt sich in ihrer Gegenwart unsicher und bleibt lieber zu Hause. Wenn Sie ihm vorschlagen, doch mit einem anderen Kind zu spielen, reagiert es mürrisch und zeigt sich völlig desinteressiert.

2. Ihr Kind zeigt eine geringschätzige Haltung gegenüber sich selbst. Es würdigt keine seiner eigenen Handlungen. Statt sein eben gemaltes Bild oder seine Zeichnung aufzuheben, zerknüllt es das Papier und wirft sein Werk geradewegs in den Papierkorb. Aus Furcht vor Zurückweisung fühlt es sich nicht sicher genug, jemand anderem zu zeigen, was es gerade gemacht hat.

3. Ihr Kind ist ängstlich, wenn man ihm eine neue Beschäftigung anbietet. Wenn Sie ihm erklären, daß es doch schön wäre, eine neue Freizeitbeschäftigung aufzunehmen, etwa ein Musikinstrument zu spielen, so schrickt es bei dieser Vorstellung erkennbar zurück. Das Gesicht verzieht sich, seine Schultern versteifen sich, und vielleicht tritt es gar einen Schritt zurück.

4. **Ihr Kind weint und ist angespannt, wenn es Sie verläßt.** Es möchte Sie nicht gehen lassen, wenn Sie es beispielsweise in den Kindergarten oder zur Schule bringen. Dies bedeutet jedoch nicht, daß es Angst hat vor etwas, das sich dort abspielt – an seiner Körpersprache erkennen Sie, daß es sich unsicher fühlt, weil es auf sich selbst gestellt ist.

5. **Ihr Kind ist schwer zu begeistern und apathisch.** Wie andere Gefühle kann auch Unsicherheit dazu führen, daß sich Ihr Kind desinteressiert und beinahe träge verhält. Diese Trägheit und der gelangweilte Gesichtsausdruck können die nonverbale Mitteilung enthalten, daß es sich unsicher fühlt.

Wie Sie auf die Unsicherheit Ihres Kindes reagieren können

Ein Kind in diesem Alter fühlt sich schrecklich unsicher, wenn es neuen Herausforderungen gegenübersteht, weil ihm das Vertrauen in die eigene Fähigkeit zum Umgang mit diesen Herausforderungen fehlt. Sicherlich kann es jedoch viel mehr, als es glaubt – es braucht lediglich ein Erfolgserlebnis, um sich zu beweisen, daß es zurechtkommt. Wenn es sich beispielsweise Sorgen macht, weil im Kindergarten am nächsten Tag eine Malstunde stattfindet und es in diesen Dingen nicht geübt ist, so lassen Sie es am Tag zuvor zu Hause üben. Dies verringert seine Unsicherheit. Loben Sie sein Talent und seine Stärken.

Freundschaften gewinnen in diesem Alter mehr als je zuvor an Bedeutung. Durch seine Beziehungen zu anderen lernt Ihr Kind eine Menge über sich selbst, seinen Charakter, seine Stärken und Schwächen. Es kann sehr empfindlich sein, Angst vor Zurückweisung haben und überzeugt sein, daß die anderen es nicht mögen. Es kann aber auch soviel Selbstvertrauen haben, daß die verletzenden Bemerkungen anderer einfach an ihm abprallen. Wie immer die Persönlichkeit Ihres Kindes aussehen mag: Es möchte akzeptiert werden und ist unglücklich, wenn es sich von seiner Bezugsgruppe ausgeschlossen fühlt.

In folgender Art und Weise teilt Ihnen Ihr Kind durch seine Körpersprache mit: **„Ich spiele gern mit anderen und möchte mehr Freunde haben."**

1. **Ihr Kind weint, wenn es aus dem Kindergarten oder aus der Schule heimkommt.** Welches Kind ist nicht zutiefst verletzt, wenn es nicht zu einer Geburtstagsfeier eingeladen wurde, zu der alle anderen Kinder kommen dürfen. Trösten Sie es, wenn es weinend nach Hause kommt, und fragen Sie es, warum es solchen Kummer hat.
2. **Ihr Kind beteiligt sich eifrig an den Vorbereitungen für den Besuch eines Freundes oder einer Freundin.** Beobachten Sie, wie sich Ihr Kind in den ein bis zwei Stunden vor dem Eintreffen des Gastes verhält. Ein gewisses Maß an Vorbereitung, etwa wenn es extra sein Zimmer aufräumt, gibt Ihnen zu erkennen, daß es sich auf eine schöne Zeit freut und möchte, daß alles für seinen Freund oder seine Freundin vorbereitet ist.

3. Ihr Kind verringert die räumliche Distanz zwischen sich und anderen Kindern. Sie werden feststellen, daß sich Ihr Kind näher zu anderen Kindern stellt, und zwar auch bei Kindern, die es nicht sehr gut kennt, so daß diese es ganz einfach in ihr Spiel einbeziehen *müssen.* Der Radius des persönlichen Kreises wird verringert, damit Freundschaften entstehen können.

4. Ihr Kind sucht Körperkontakt mit Gleichaltrigen. Freundschaft kann in allen Altersgruppen durch Berührungsgesten zum Ausdruck kommen, besonders im Alter von fünf bis sechs Jahren. Es mag sein, daß Ihr Kind beim Spielen die Hand des Freundes oder der Freundin hält oder daß sich die beiden hin und wieder spontan umarmen.

5. Ihr Kind sucht intensiveren Blickkontakt. Ein kleines Kind weiß instinktiv, wie fest es jemandem in die Augen sehen muß, wenn es näher mit ihm in Kontakt kommen möchte. Achten Sie auf die Intensität des Blickkontakts Ihres Kindes zu anderen Kindern: Unter Kindern, die sich besonders mögen, ist der Blickkontakt häufiger und intensiver.

Wie Sie auf das Bedürfnis Ihres Kindes nach Freundschaften reagieren können

Sie können Ihrem Kind dabei helfen, leichter Freundschaften zu schließen, indem Sie ihm zeigen, wie es auf die anderen Kinder zugehen kann und wie es sie ansprechen kann. Mißverständnisse zwischen Kindern in diesem Alter entstehen vor allem dadurch, daß das Kind nicht in der Lage ist, seine Gefühle und Ideen für andere verständlich zu vermitteln. Wenn Ihr Kind lernt, sein Gefühl auszudrücken, indem es sagt „Ich mag dich und würde gern neben dir sitzen“ oder sich einfach lächelnd neben das andere Kind setzt, so ist die Wahrscheinlichkeit zurückgewiesen zu werden geringer, als wenn es sich einfach, ohne etwas zu sagen und mit leerem Gesichtsausdruck auf einen Stuhl plumpsen läßt. Ermuntern Sie Ihr Kind, sich den anderen Kindern mitzuteilen, damit diese seine Absichten auch verstehen können.

Es gibt Momente, da werden die anderen von Ihrem Kind erwarten, daß es sein Spielzeug mit ihnen teilt. Wenn es dies ablehnt, so wird es von den anderen Kindern abgelehnt werden. Sprechen Sie mit Ihrem Kind darüber, wie und warum man teilt, und zeigen Sie ihm Beispiele dafür. In gleicher Weise sollte es lernen, wann es bei einem Spiel an der Reihe ist, und wie man Spielregeln befolgt.

Liebe

Ihr Kind braucht Liebe. Dieses Urbedürfnis ist lebenswichtig. Ein ungeliebtes Kind entwickelt sich nicht. Von Geburt an braucht es Ihre liebevolle Unterstützung, Fürsorge und Anregung. Und dieses Liebesbedürfnis läßt niemals nach. Es wird zwar im Laufe der Entwicklung Ihres Kindes auf verschiedene Weise zum Ausdruck kommen, ist jedoch stets vorhanden. Bisweilen erscheint Ihnen Ihr Kind schon richtig erwachsen – das kann bei einem vier- oder fünfjährigen Kind durchaus vorkommen –, es braucht aber dennoch weiterhin Ihre Liebe.

In folgender Art und Weise teilt Ihnen Ihr Kind durch seine Körpersprache mit: **„Ich bin zwar vielleicht schon**

ein großes Mädchen (ein großer Junge), aber ich brauche immer noch jede Menge Liebe."

1. **Ihr Kind drückt sich an Sie, bevor es zum Spielen nach draußen geht.** Eine derart spontane Umarmung überrascht Sie vermutlich, da Sie eigentlich erwartet hatten, daß Ihr Kind ohne ein Wort hinausrennt. Diese unerwartete Geste ist Ausdruck seines Bedürfnisses nach Liebe.
2. **Ihr Kind besteht darauf, daß Sie ihm eine Gutenachtgeschichte vorlesen.** Sie denken vielleicht, jetzt, da Ihr Kind bereits lesen kann, braucht es eigentlich keine Gutenachtgeschichte mehr von Ihnen, denn es könnte sie selbst lesen. Besteht Ihr Kind jedoch darauf, daß dieses abendliche Ritual fortgesetzt wird, so zeigt Ihnen dies, daß es die innige emotionale Beziehung zu Ihnen noch braucht.
3. **Ihr Kind nimmt Sie in seinen inneren Kreis auf.** Beim gemeinsamen Fernsehen kann es geschehen, daß sich Ihr Kind plötzlich ganz dicht an Sie kuschelt und Sie sozusagen in seinen inneren Kreis aufgenommen hat. Diese Geste ist Ausdruck seines auch weiterhin bestehenden Bedürfnisses nach einer engen Bindung.
4. **Ihr Kind erzählt Ihnen von seinen Neuigkeiten.** Am Ende eines anstrengenden Tages haben Sie womöglich nicht mehr die Energie, um den Geschichten Ihres Kindes zuzuhören. Möglicherweise finden Sie sein ununterbrochenes Schwatzen sogar aufdringlich und lästig. Dies ist jedoch seine Art, Ihnen zu sagen, daß es Sie immer noch braucht und Spaß hat, wenn es Ihnen von den Ereignissen in seinem Leben berichten kann.

5. Ihr Kind entspannt sich in Ihrer Gegenwart. Beobachten Sie das allgemeine Verhalten Ihres Kindes in Ihrem Beisein. Es scheint ruhig zu sein. Gesicht, Arme und Beine sind entspannt, und das Kind fühlt sich sehr wohl. Sein Kopf mag leicht zurückgeneigt sein, und es lacht mit Ihnen über Ihre Scherze. Wenn es gerade auf einem Stuhl sitzt, so wird seine Haltung eher locker sein als aufrecht.

Wie Sie auf das Liebesbedürfnis Ihres Kindes reagieren können

Manche Eltern gehen davon aus, daß Zeichen der Zuneigung mit dem Ende des Kleinkindalters abgelegt werden und ein Kuß oder eine Umarmung mit Erreichen des Schulalters nicht mehr nötig sein sollten – schon gar nicht in der Öffentlichkeit. Nach außen sichtbare Liebesbezeugungen durch Körperkontakt werden nicht unterstützt, da sie als Zeichen von Unreife gelten. Das ist eigentlich traurig. Niemand verbietet einem, sein Kind in den Arm zu nehmen, nur weil es schon groß ist. Wenn Ihrem Kind weiterhin danach ist, lassen Sie es zu! Es wird Ihrem Kind und auch Ihnen sehr gut tun!

Interessieren Sie sich für das, was Ihr Kind tut, und ermutigen Sie es, mit Ihnen darüber zu sprechen. Trösten und beruhigen Sie es, wenn es traurig oder ärgerlich ist. Natürlich möchten Sie, daß es seine eigene Stärke entwickelt, daß es nicht jedesmal, wenn etwas schiefgeht, angerannt kommt, um getröstet zu werden. Ihr Kind ist noch nicht vollkommen unabhängig. Es braucht Ihren Rückhalt, Ihre Liebe und Ihren Schutz und darf dies zu Recht von Ihnen erwarten.

Zusammenfassung

Zwischen dem dritten und sechsten Lebensjahr schreitet die Entwicklung Ihres Kindes deutlich voran. Körperliche, geistige, soziale und emotionale Veränderungen zeigen sich auch in seiner Körpersprache. Ihr Kind empfindet während dieser Phase verstärkt Trennungsangst, das Bedürfnis nach Erfolg in der Schule, das Verlangen nach Aufregungen, die eigene Unsicherheit, die Sehnsucht nach Freunden und das Bedürfnis nach einer liebevollen Eltern-Kind-Beziehung. Jede dieser Gefühlsregungen spiegelt sich in seiner nonverbalen Kommunikation wider.

TEIL IV

KÖRPERSPRACHE IN BESONDEREN SITUATIONEN

6.
Wenn etwas nicht in Ordnung ist

Vorbemerkung

Ganz gleich, wie wohlerzogen oder ausgeglichen Ihr Kind ist: Es gibt Zeiten, in denen sein Leben nicht in geordneten Bahnen verläuft. Abhängig von den jeweiligen Umständen und den erwarteten Folgen wird Ihnen Ihr Kind dies auf unterschiedliche Weisen mitteilen.

Ihr Kind gibt offen zu, daß es etwas angestellt hat. Manchmal spricht Ihr Kind mit Ihnen unter Umständen ganz offen über eine Situation, etwa daß es frech zu seinem Klassenlehrer war und sich jetzt sehr darüber ärgert. Obwohl Sie über solche Neuigkeiten nicht sehr erfreut sein werden, vermitteln Ihnen seine Worte alle notwendigen Informationen, und Sie können sich entsprechend verhalten.

Ihr Kind gibt nur teilweise zu, was es angestellt hat. Bisweilen liefert Ihnen Ihr Kind vielleicht nur ungern einen vollständigen Bericht über das, was passiert ist, und erzählt Ihnen statt dessen nur einen Teil der Geschichte. So sagt es Ihnen nur, daß es sich mit einem Freund oder einer Freundin gestritten hat, verschweigt jedoch, daß es selbst damit angefangen hat. Seine Körpersprache wird Ihnen verraten, daß hinter der Geschichte mehr steckt, als das Kind Ihnen mit seinen Worten mitteilt.

Ihr Kind schwindelt. Manchmal weiß Ihr Kind sehr wohl, daß es etwas falsch gemacht hat, entschließt sich jedoch, die Wahrheit vor Ihnen zu verbergen, um sich unangenehme Folgen zu ersparen. So streitet es womöglich vehement ab, daß es irgend etwas mit der Unordnung im Wohnzimmer zu tun hat. Seine Körpersprache wird Ihnen zeigen, ob es die Wahrheit sagt oder schwindelt.

Ihr Kind verheimlicht etwas aus Angst. Es kommt gelegentlich vor, daß Ihnen Ihr Kind bewußt etwas verheimlicht, jedoch nicht, weil es sich vor Strafe fürchtet, sondern weil es verlegen oder gedemütigt ist und fürchtet, daß es die Situation nur verschlimmert, wenn es Ihnen davon erzählt. Nehmen wir einmal an, Ihr Kind wurde von anderen gehänselt oder geschlagen und erzählt Ihnen nichts davon: An seiner Körpersprache werden Sie erkennen, daß es ein Problem hat.

Ihr Kind erzählt überhaupt nichts. Bisweilen wirkt Ihr Kind verstört und unglücklich, auch wenn es den Grund dafür nicht kennt und ihm dieser Zustand vermutlich nicht einmal bewußt ist. Sie werden sich an seinen nonverbalen Gesten orientieren müssen, um etwas über seine wahren Gefühle herauszufinden.

Wie Sie Ihr Kind verstehen, wenn es Probleme hat

Die Interpretation der Körpersprache Ihres Kindes hilft Ihnen, wenn Sie herausfinden möchten, wann es ein Problem hat, oder wann es versucht, bewußt etwas vor Ihnen zu verbergen.

Ihr Kind gibt offen zu, daß es etwas angestellt hat

Es mag nicht immer einfach sein, an der Körpersprache Ihres Kindes zu erkennen, ob es Ihnen etwas verbirgt. Es lohnt sich dennoch, wenn Sie herausfinden möchten, ob es die Wahrheit sagt. Auf diese Weise lassen sich Mißverständnisse vermeiden, und es kommt weniger oft zu falschen Verdächtigungen und nervenaufreibenden Auseinandersetzungen zwischen Ihnen und Ihrem Kind.

In folgender Art und Weise teilt Ihnen Ihr Kind durch seine Körpersprache mit: **„Ich sage dir die Wahrheit und möchte, daß du mir glaubst."**

1. **Ihr Kind hält intensiven Blickkontakt.** Es ist sich seiner selbst sehr sicher, weil es weiß, daß es die Wahrheit sagt, auch wenn Ihnen vielleicht nicht gefällt, was es Ihnen erzählt. Ihr Kind kann Ihnen während des Gesprächs gerade in die Augen schauen. Auch wenn Sie an seinen Worten zweifeln, ist Ihr Kind in der Lage, den Blickkontakt zu halten.
2. **Die Augen Ihres Kindes sind weit geöffnet.** Instinktiv öffnet es die Augen weiter als normal, weil es Sie von der Wahrheit seiner Worte überzeugen möchte. Dar-

über hinaus sind seine Augenbrauen unter Umständen etwas hochgezogen, und der untere Teil der Stirn ist leicht gefurcht – ihm liegt viel daran, daß Sie ihm glauben.

3. Ihr Kind steht aufrecht vor Ihnen. Wenn Ihr Kind die Wahrheit sagt, so fehlen die üblichen Anzeichen von Unsicherheit, wie etwa hängende Schultern und ein gesenkter Kopf. Ihr Kind hält sich aufrecht, der Rücken ist gerade, und es steht Ihnen direkt gegenüber. Seine ganze Haltung drückt Selbstvertrauen aus.

4. Ihr Kind zeigt eine positive Reaktion. Es wird sehr positiv reagieren, wenn es merkt, daß Sie ihm Glauben schenken. Während ein Kind, das lügt, vielleicht einen Seufzer der Erleichterung von sich geben wird, wenn es denkt, daß man ihm seine Geschichte glaubt, zeigt ein Kind, das die Wahrheit sagt, offensichtliche Freude.

5. Ihr Kind umarmt Sie. Vergessen Sie nicht, daß Ihr Kind noch klein ist und viele seiner emotionalen Reaktionen spontan erfolgen. Wenn Sie ihm sagen, daß Sie ihm glauben, so rennt es möglicherweise auf Sie zu und drückt und knuddelt Sie. Es ärgert sich zwar, daß Sie ihm nicht geglaubt haben, fühlt sich jedoch jetzt, da Sie ihm glauben, wieder sicher.

Wie Sie auf die Offenheit Ihres Kindes reagieren können

Auch wenn es Sie sehr verärgern mag, was Ihr Kind Ihnen erzählt: Sie sollten seine Ehrlichkeit loben und Ihre Freude darüber zum Ausdruck bringen. Ihr Kind braucht diese Reaktion, um sich in seiner Handlung bestärkt zu fühlen. Sagen Sie ihm, wie sehr es Sie freut, daß es Ihnen die Wahrheit gesagt hat. Sagen Sie ihm, daß Sie wissen, wie schwer ihm dies gefallen sein muß und daß Sie sich wünschen, es möge in Zukunft stets die Wahrheit sagen, ganz gleich, was es getan hat.

Falls die Dinge, die es Ihnen erzählt hat, nun in irgendeiner Form erfordern, daß Sie oder Ihr Kind etwas Bestimmtes tun, geben Sie ihm Empfehlungen und Hinweise. Es wird Ihre Lösungsvorschläge gerne annehmen. Dies hilft Ihnen beiden, gegenseitiges Vertrauen zu schaffen. Falls Sie über das, was Ihr Kind Ihnen erzählt hat, verärgert sind, so dürfen Sie es sicher auch tadeln. Seien Sie jedoch nicht allzu streng, sonst findet Ihr Kind beim nächsten Mal vielleicht nicht mehr den Mut, Ihnen gegenüber ehrlich zu sein. Versuchen Sie, einen Tadel immer mit einer positiven Bemerkung enden zu lassen.

Ihr Kind gibt nur teilweise zu, daß es etwas angestellt hat

Sicher wollten auch Sie Ihrem Partner oder Ihrer Partnerin schon einmal von einem Vorfall berichten, der sich im Laufe des Tages ereignete, erzählten jedoch nicht alle Einzelheiten, etwa weil es Sie in Verlegenheit brachte oder weil Sie befürchteten, daß Ihr Partner nicht in der gewünschten Weise reagieren würde. Nehmen wir zum Beispiel an, daß sich an der Kasse im Supermarkt jemand vorgedrängt hat. Ihr Protest war vielleicht nur schwach, und die Person, die sich vorgedrängt hat, war unter Umständen derart unangenehm, daß Sie beschlossen, sich ihr gegenüber nicht zu beschweren. Zu Hause aber ärgern Sie sich darüber, daß diese Person sich vorgedrängt hat und daß Sie nichts Effektives dagegen unternommen haben. So erzählen Sie Ihrem Partner oder Ihrer Partnerin zwar, daß sich jemand vorgedrängt hat, erwähnen jedoch nicht, daß Sie dies geschehen ließen, ohne etwas dagegen zu unternehmen.

Die meisten Menschen befinden sich früher oder später in einer ähnlichen Situation – mit anderen Worten: Sie machen eine Erfahrung, die Sie einem anderen nicht unbedingt in vollem Umfang erklären möchten. Ihr Kind unterscheidet sich in dieser Hinsicht nicht von Ihnen. Es möchte von Ihnen ernst genommen werden und Ihre volle Zustimmung und Ihr Vertrauen erlangen. Es möchte sich nicht wegen eines Vorfalls unglücklich fühlen und seine ohnehin unangenehme Situation durch Kritik und Tadel Ihrerseits verschlimmern. Also erzählt es Ihnen die Geschichte nur zur Hälfte.

In folgender Art und Weise teilt Ihnen Ihr Kind durch seine Körpersprache mit: **„Ich habe dir nur die Hälfte von dem erzählt, was ich dir berichten sollte, weil mir das Geschehene ein wenig peinlich ist.“**

1. **Ihr Kind bleibt nach seinem Bericht mit offenem Mund stehen.** Dies ist eine unbewußte Handlung: Es möchte Ihnen mehr erzählen, hält sich jedoch zurück. So bleibt sein Mund einige Augenblicke offen, als ob es noch mehr sagen möchte. Vielleicht bemerken Sie sogar, wie es lautlos noch einige Worte hinzufügt, die Sie jedoch nicht mehr deutlich verstehen.
2. **Ihr Kind ist unruhig, nachdem es mit Ihnen gesprochen hat.** Es fühlt sich unruhig, weil da noch mehr ist, das es Ihnen in Wirklichkeit erzählen möchte. Auch wenn Ihr Kind sitzen bleibt, werden Sie beobachten können, daß es hin und her rutscht und alle paar Sekunden seine Haltung verändert. Darin zeigt sich sein Unbehagen.

3. **Ihr Kind runzelt die Stirn.** Möglicherweise zieht es die Augenbrauen hoch, runzelt die Stirn, und weitet die Augen. Dieser Gesichtsausdruck drückt gewöhnlich Unglauben aus und äußert sich dann, wenn Ihr Kind genau weiß, daß die Dinge, die es erzählt, nicht der vollen Wahrheit entsprechen. Ein einfacher Blick genügt, um zu wissen, daß es Ihnen mehr erzählen möchte.
4. **Ihr Kind bleibt bei Ihnen.** Hat Ihr Kind aufgehört, mit Ihnen zu sprechen, so wendet es sich normalerweise einer anderen Beschäftigung zu und entfernt sich möglicherweise von Ihnen. Gibt es jedoch noch etwas anderes, das Ihr Kind auf dem Herzen hat, sich jedoch nicht zu sagen traut, so bleibt es unter Umständen in Ihrer Nähe und fordert Sie damit auf, es zu fragen, ob da noch etwas ist, das es bedrückt.
5. **Ihr Kind macht nervöse Handbewegungen.** Mit den Fingern auf eine Armlehne trommeln und sich mit der flachen Hand seitlich gegen die Schenkel klopfen sind sichere Zeichen dafür, daß da noch mehr ist, das Ihr Kind Ihnen verbal mitteilen möchte. Es wird vielleicht auch in regelmäßigen Abständen in Ihre Richtung schauen, nur um sicherzugehen, daß es Ihre Aufmerksamkeit auf sich zieht.

Wie Sie auf das Zögern Ihres Kindes reagieren können

Sie sollten stets davon ausgehen, daß Ihnen Ihr Kind sein Problem unter allen Umständen erzählen möchte. Das Zurückhalten von Informationen dient lediglich dazu, sich vor weiterem Ärger zu schützen. Dies bedeutet, daß eine direkte Konfrontation mit Worten wie „Ich weiß, da steckt mehr dahinter – sag mir, was noch passiert ist!“ oder „Es nützt nichts, mir etwas verheimlichen zu wollen – früher oder später finde ich es doch heraus!“ nicht weiterführt. Eine derartige Bemerkung setzt Ihr Kind lediglich unter Druck. Es wird defensiv reagieren und so tun, als verstünde es nicht, was Sie ihm sagen.

Hier ist eher Einfühlungsvermögen angebracht, damit Ihr Kind erkennt, daß Sie weiteren Enthüllungen nicht mit einer negativen Reaktion begegnen. So könnten Sie ihm beispielsweise sagen: „Du scheinst dir Sorgen zu machen – vielleicht gibt es da noch etwas anderes, bei dem ich dir helfen kann.“ Eine andere Möglichkeit wäre: „Manchmal passiert mir etwas, das mich in Verlegenheit bringt, ich fühle mich jedoch stets besser, wenn ich jemandem davon erzähle.“ Mit diesen Worten ermutigen Sie Ihr Kind dazu, seine Gefühle mit Ihnen zu teilen. Sie können auf diese Weise eine Atmosphäre schaffen, in der Eltern und Kind offenen miteinander reden.

Auch ein liebevoller Körperkontakt könnte Ihrem Kind helfen, sich zu entspannen. Legen Sie den Arm um seine Schultern, oder nehmen Sie es auf den Schoß. Diese Geste drückt aus, daß Sie sich Gedanken um Ihr Kind machen und regt es an, Ihnen alles zu erzählen.

Hören Sie, was Ihr Kind zu sagen hat, und bieten Sie Ihren Rat an, wo es möglich ist. Erklären Sie ihm, daß Sie sich wünschen, es möge Ihnen immer alles erzählen, über das es sich aufregt, und daß es sich anschließend besser fühlen wird. Wenn es erst einmal erkennt, daß es Ihnen all seine Probleme anvertrauen kann, ohne Sie dadurch zu verärgern, wird es Ihnen in Zukunft vielleicht offener gegenüberstehen. Natürlich gibt es Situationen, bei denen Strafe nicht ausbleibt. Sie sollten Ihrem Kind jedoch das Gefühl geben, daß Sie seine Ehrlichkeit und Offenheit in jedem Fall schätzen, selbst wenn Ihnen nicht gefällt, was es Ihnen da erzählt.

Ihr Kind verheimlicht Ihnen bewußt etwas

Mit allergrößter Wahrscheinlichkeit wird Ihr Kind auch einmal bewußt etwas vor Ihnen verbergen – solche Schwindeleien kommt bei kleinen Kindern häufig vor. Denken Sie jedoch stets daran, daß zwischen der Lüge eines Kindes und der Lüge eines Erwachsenen ein Unterschied besteht. Wenn ein Erwachsener lügt, so ist er sich seines Verhaltens in vollem Umfang bewußt, während sich dies bei einem kleinen Kind nicht immer sagen läßt. Wenn Sie also Ihr Kind bei einer Lüge ertappen, so vermeiden Sie eine Überreaktion. Denken Sie, bevor Sie es dafür strafen, darüber nach, warum es versucht haben könnte, die Wahrheit zu verbergen.

Die meisten Kinder lügen, weil sie Angst haben, entdeckt zu werden. Sehr wahrscheinlich hat Ihr Kind nicht bewußt einen Fehler begangen. Es erkennt jedoch, daß sein Handeln nicht positiv aufgenommen werden wird, und versucht nun logischerweise, die Wahrheit zu verbergen. Wenn es gar fürchtet, bestraft zu werden, so wird es große Anstrengungen unternehmen, auch entgegen Ihrer Einwände bei seiner Behauptung zu bleiben. Ein kleines Kind verfügt über eine erstaunliche Fähigkeit, auf seiner Version der Ereignisse zu bestehen, selbst wenn diese nicht der Wahrheit entspricht. Obwohl sein Mund schokoladenverschmiert ist, wird es heftig abstreiten, etwas mit dem Verschwinden der Süßigkeiten zu tun zu haben. Vielleicht entdecken Sie auch, daß Ihr Kind um so verbissener an seiner ursprünglichen Geschichte festhält, je heftiger Sie es bedrängen, nun endlich die Wahrheit zu sagen. Bald sind Sie vielleicht derart durcheinander, daß Sie nicht mehr wissen, was Sie nun denken sollen. Die nonverbale Kommunikation Ihres Kindes verrät Ihnen, ob es die Wahrheit sagt oder nicht.

In folgender Art und Weise teilt Ihnen Ihr Kind durch seine Körpersprache mit: **„Ich sage dir nicht die Wahrheit, hoffe aber, daß du mir glaubst."**

1. **Ihr Kind weicht Ihrem Blick aus.** Die Angst, entdeckt zu werden, und die Tatsache, daß es bestimmt nicht gerne lügt, führen dazu, daß es Ihnen nicht grade in die Augen sehen kann. Fordern Sie es auf, Ihnen in die Augen zu schauen, wenn Sie mit ihm sprechen. Sagt Ihr Kind nicht die Wahrheit, so werden Sie sehen, wie es seine Augen nervös abwendet.
2. **Ihr Kind fühlt sich unbehaglich.** Achten Sie auf Zeichen von Unbehagen. Ihr Kind bleibt vielleicht nicht ruhig auf seinem Platz, während es Ihnen die Situation erklärt, oder es ringt heftig die Hände, während Sie mit ihm sprechen. Jede Körperbewegung, die auf Angst und Anspannung hindeutet, gibt Ihnen zu verstehen, daß Ihr Kind sich seiner Lüge Ihnen gegenüber bewußt ist.
3. **Ihr Kind wird rot.** Ab einem Alter von zwei oder drei Jahren wird Ihr Kind wissen, daß es falsch ist, Sie anzulügen, und sich deswegen schuldig fühlen. Dies führt dazu, daß sich seine Wangen röten. Es kann diese Gefühlsreaktion – den plötzlichen Zustrom von Blut ins Gesicht – nicht kontrollieren, wenn Sie es intensiv befragen, und dies läßt vermuten, daß es lügt.
4. **Ihr Kind wird nervös.** Auch ein im allgemeinen ruhiges Kind wird oft ganz bestimmte Gesten entwickeln, wenn es lügt. Zu den Bewegungsabläufen, auf die Sie

achten sollten, gehören wiederholte Gesten der Beruhigung, etwa das immer wiederkehrende Reiben des Ohrläppchens, heftiges Augenreiben oder leichte Ticks im Gesicht, wie eine zuckende Augenbraue oder ein Zittern der Lippen.

5. Ihr Kind versucht, den Vorfall zu verschleiern. Ein Kind, das Lügen nicht mag – und das trifft auf die meisten Kinder zu –, versucht möglicherweise, den Vorfall zu verschleiern, indem es einfach etwas ganz anderes erzählt. Dabei murmelt es jedoch unzusammenhängend vor sich hin, so daß seine Worte kaum zu hören sind, oder es hält beim Sprechen unbewußt die Hände vor den Mund. Die Bedeutung dieser Gesten ist unmißverständlich.

Wie Sie auf Lügen reagieren können

Es liegt völlig bei Ihnen, wie Sie reagieren, wenn Sie wissen, daß Ihr Kind Sie angelogen hat. Denken Sie jedoch daran, daß Ihr Kind sich beim nächsten Mal noch mehr vor dem Ertapptwerden fürchten und erst recht versuchen wird, Ihnen den tatsächlichen Ablauf der Ereignisse zu verheimlichen, wenn Ihre Reaktion allzu heftig ausfällt.

Natürlich mögen Sie die Notwendigkeit verspüren, Ihr Kind zu bestrafen, und selbstverständlich müssen Sie ihm zu verstehen geben, daß Sie sein Verhalten so nicht akzeptieren wollen. Sie sollten dabei aber auch berücksichtigen, daß ein kleines Kind die Welt nicht mit Ihren Augen sieht. So wird Ihnen beispielsweise bewußt sein, daß ein Kind, welches dauernd Lügen erzählt, von seiner Bezugsgruppe und von den Erwachsenen unvermeidlich zurückgewiesen wird, weil niemand einem Lügner traut, und dies wollen Sie

Ihrem Kind auf jeden Fall ersparen. Es ist jedoch unwahrscheinlich, daß Ihr Kind so weit vorausdenkt. Es sucht durch sein Lügen lediglich Ärger zu vermeiden.

Sagen Sie Ihrem Kind, daß Sie an seinem Gesichtsausdruck immer erkennen können, ob es lügt, selbst wenn dies gar nicht stimmt. Ihr Kind glaubt Ihnen, und das wirkt in Zukunft genug. Erklären Sie ihm ausführlich, warum Sie seine Lügen nicht akzeptieren wollen: Sagen Sie ihm, daß Sie nicht mehr wissen werden, wann Sie ihm trauen können und wann nicht, daß seine Freunde und Freundinnen nicht mehr mit ihm spielen wollen etc. Ermutigen Sie Ihr Kind, stets die Wahrheit zu sagen, auch wenn Sie dann Dinge zu hören bekommen, die Ihnen nicht gefallen. Achten Sie jedoch darauf, daß kein Klima entsteht, in dem das Kind vor dem Aussprechen der Wahrheit größere Angst hat als vor dem Lügen, sonst wird es Ihr Kind in Zukunft vorziehen zu lügen. Wiederholen Sie Ihre Worte immer wieder. So können Sie beispielsweise sagen: „Ich möchte, daß du mir immer die Wahrheit sagst, selbst wenn ich dir dann vielleicht böse bin. Es ist mir immer noch lieber als eine Lüge."

Bestrafen Sie Ihr Kind für seine Lügen, versichern Sie ihm jedoch, daß Sie es trotzdem lieben. Die Strafe kann von einer ernsten Ermahnung bis zum frühen Zubettschicken reichen, es hängt wirklich von Ihnen und Ihrem Kind ab. Was in der einen Eltern-Kind-Beziehung passend erscheint, mag für eine andere ungeeignet sein. Wenn die Sache erledigt ist, lassen Sie Ihr Kind wissen, daß sie wirklich beigelegt ist – falls es sich in Zukunft nicht dazu entschließen sollte, sie wieder aufzurühren, indem es abermals lügt. Wenn es das nächste Mal etwas anstellt und trotzdem ehrlich zu Ihnen ist, loben Sie es ausgiebig. So können Sie sichergehen, daß es seine Ehrlichkeit auch in Zukunft beibehält.

Ihr Kind verbirgt etwas aus Angst

Einer der Gründe für körperliche Gewalt, Schikanen und andere Formen von Mißhandlung besteht darin, daß das Opfer in den meisten Fällen große Angst davor hat, irgendwelche Einzelheiten über die Mißhandlungen zu enthüllen. Der Betroffene schämt sich und fühlt sich erniedrigt durch die eigene Schwäche, Ohnmacht und die Unfähigkeit, sich zu wehren. Je schwächer das Opfer, desto härter die körperliche Gewalt.

Körperliche Gewalt und Schikane zwischen Geschwistern einer Familie und unter Schülern kommen erheblich häufiger vor, als die meisten Eltern wahrhaben wollen. Schließlich ist die Beobachtung, daß das eigene Kind zu Brutalität und Schikane neigt, auf Dauer für kein Elternteil angenehm. Sowohl unmittelbare körperliche Gewalt, etwa indem ein Kind das andere mit der Faust schlägt, als auch Schikanen können verschiedene Formen annehmen:

- Mit den Händen: Stöße oder Schläge mit der flachen Hand ins Gesicht oder gegen den Körper, Schubsen, Stoßen, Anrempeln, Faustschläge in die Seite oder ins Gesicht.
- Mit den Beinen: heftige Tritte, jemandem absichtlich ein Bein stellen, Tritte gegen die Schultasche oder andere persönliche Gegenstände, jemandem auf den Fuß treten.
- Erpressung unter Androhung von Prügeln, falls das erpreßte Kind die Forderungen nicht in vollem Umfang erfüllt.
- Beschimpfungen wegen des Aussehens oder einer Behinderung, Verspotten oder Androhung von Prügeln.

- Rassendiskriminierung in Form von körperlicher und psychischer Gewalt.

Obwohl körperliche Gewalt und Schikanen für das betroffene Kind sehr real und offensichtlich sind, kann es sein, daß den Eltern beides kaum auffällt. Oft läßt das Opfer die körperliche Gewalt und die Schikanen mehrere Monate lang über sich ergehen, ohne darüber zu sprechen, weil es fürchtet, daß sein Peiniger die Angriffe nur verstärkt, oder weil es sich nicht vor seinen Eltern lächerlich machen will. Dies liegt vor allem dann nahe, wenn die Belästigungen von einem älteren Geschwisterteil ausgehen. Der Peiniger behauptet sich, indem er den Schwächeren unterdrückt.

In folgender Art und Weise teilt Ihnen Ihr Kind durch seine Körpersprache mit: **„Ich leide unter körperlicher Gewalt und Schikanen, möchte es dir aber nicht sagen."**

1. Ihr Kind hat immer wieder Kratzer und blaue Flecken. Kleine Kinder zeigen Kratzer und blaue Flecken gewöhnlich sehr gerne, als seien sie Zeichen von Tapferkeit. Ein mißhandeltes Kind verbirgt seine Verletzungen jedoch in der Regel. Wenn man es darauf anspricht, reagiert es ausweichend und gibt unbefriedigende Antworten.

2. Ihr Kind hat Angst, allein zu sein. Nach einer Weile bekommt das Opfer Angst, allein zu sein, weil es sich so verletzlich fühlt. Es besteht darauf, bei seinen Eltern oder in der Gesellschaft anderer Kinder zu bleiben und fühlt sich dadurch besser geschützt. Geht die Gewalt von einem Geschwisterteil aus, so weigert sich Ihr Kind, mit dem Betreffenden allein zu bleiben.

3. Ihr Kind verliert Dinge, die ihm gehören. Neben körperlicher Gewalt und den Beschimpfungen nehmen Peiniger ihren Opfern oft auch persönliche Gegenstände weg, um so ihre Macht zu demonstrieren. Sollten Sie daher wiederholt feststellen, daß Ihr Kind sein Schreibzeug, seine Schultasche oder sein Taschengeld verloren hat, so kann dies ein nonverbales Zeichen von körperlicher Gewalt oder Schikane sein.

4. Ihr Kind macht wieder in die Hose. Ein Kind, das plötzlich wieder in die Hose macht, ist möglicherweise Opfer von körperlicher Gewalt oder Schikanen. Dieses Verhalten kann natürlich auch durch andere Ursachen seelischer Belastungen ausgelöst werden, körperliche Gewalt und Schikanen sollten jedoch stets als Möglichkeit in Betracht gezogen werden. Allerdings sollten Sie sich erst dann Gedanken machen, wenn diese Vorfälle gehäuft auftreten.

5. Ihr Kind hat einen sorgenvollen Gesichtsausdruck. Opfer fühlen sich immer deprimiert, verwirrt und ängstlich. Sie sehen kein Ende ihrer Not und machen daher einen niedergeschlagenen Eindruck. Wenn sich Ihr Kind in einer solchen Lage befindet, werden Sie seine gefurchte Stirn, die angespannte Gesichtsmuskulatur und seinen gesenkten Blick mit Sicherheit wahrnehmen.

Wie Sie beim Verdacht auf Mißhandlungen reagieren können

Wenn Sie den Verdacht haben, daß Ihr Kind von anderen körperlich oder seelisch mißhandelt wird, sprechen Sie offen mit ihm darüber. Sie sollten ihm erklären, daß Ihnen die Aggressivität mancher Kinder bekannt ist, und daß Sie vermuten, es sei Opfer ihrer Feindseligkeit. Stimmt Ihnen Ihr Kind zu, so nehmen Sie seine Aussagen ernst. Denken Sie daran, wieviel Mut es Ihr Kind kostet, die Wahrheit zu offenbaren: Es wird große Angst davor haben, daß sein Peiniger wissen wird, ob es mit Ihnen gesprochen hat. Versichern Sie Ihrem Kind, daß es ein Zeichen von Stärke, nicht von Schwäche ist, Ihre Hilfe in Anspruch zu nehmen, und daß Sie es als Teil Ihrer Elternrolle ansehen, es zu verteidigen. Versuchen Sie ihm klarzumachen, wie wichtig es ist, die Angelegenheit mit dem Lehrer, dem Gruppenleiter einer Jugendgruppe oder gar mit den Eltern des verantwortlichen Kindes selbst zu besprechen. Wenn Ihr Kind jedoch darauf besteht, die Angelegenheit vertraulich zu behandeln, so versichern Sie ihm, daß Sie dies tun werden – und halten Sie Wort.

Empfehlen Sie Ihrem Kind, Angriffen aus dem Weg zu gehen, denn das ist der beste Weg, körperliche Gewalt und Schikanen zu vermeiden. Unglücklicherweise haben Kinder oft recht stereotype Vorstellungen von Tapferkeit und glauben irrtümlicherweise, es sei besser, sich schlagen und schikanieren zu lassen als wegzulaufen. Es liegt bei Ihnen, Ihr Kind vom Gegenteil zu überzeugen. Halten Sie Ihr Kind außerdem dazu an, so wenig wie möglich auf Provokationen zu reagieren. Hänseleien werden nur noch schlimmer, wenn man darauf eingeht. Besser, man beachtet sie gar nicht erst, das ist wirksamer.

Sie sollten Ihrem Kind keinesfalls empfehlen, sich zu wehren, denn es könnte ernsthafte Verletzungen erleiden. Sonst wird es womöglich verprügelt werden oder aber selbst gewalttätig werden, wann immer ihm ein anderes Kind zu nahe kommt. Äußert sich die Gewalt in der Schule, so empfehlen Sie Ihrem Kind, sich immer in Gruppen aufzuhalten. Peiniger suchen sich eher Kinder, die schwach und isoliert erscheinen, etwa ein Kind, das einsam auf dem Spielplatz steht. Es ist zwar nicht auszuschließen, daß der Schutz innerhalb einer Gruppe stets gewährleistet ist, Angriffe sind hier jedoch seltener.

Ihr Kind erzählt überhaupt nichts

Wie die meisten Kinder fühlt sich wahrscheinlich auch das Ihre die meiste Zeit über glücklich. Natürlich mag es Momente geben, in denen es unglücklich ist, etwa wenn Sie ihm ein Spielzeug nicht kaufen, das es so gerne gehabt hätte, doch der Kummer ist am Abend schon wieder völlig vergessen. Diese kleinen Anflüge von Unglücklichsein verschwinden so rasch, wie sie gekommen sind und gehören zum Kinderleben.

Manche Kinder sind jedoch nicht nur vorübergehend unglücklich. Ihre Traurigkeit verschwindet nicht nach ein paar Minuten oder Stunden, sondern hält unvermindert an. Ein unglückliches Kind ist sich seiner Traurigkeit zunächst vielleicht gar nicht bewußt. Sich elend zu fühlen, mag für dieses Kind ein derart alltäglicher Zustand sein, daß es seine Gefühle für normal hält. Es kann sich vielleicht nicht einmal mehr daran erinnern, sich jemals anders gefühlt zu haben. Es weiß nicht, woher seine Traurigkeit kommt, und hat die eigentliche Ursache unbewußt verdrängt. Wenn dies der Fall ist, bleibt lediglich das traurige Gefühl. Die Ursache hat das Kind jedoch ausgeblendet, da es sich außerstande sieht, damit umzugehen. Es gibt viele Faktoren, welche die normale emotionale Entwicklung eines Kindes beeinträchtigen können:

- Streit mit dem besten Freund oder der besten Freundin. Freundschaften sind in der Kindheit immer sehr offen. Das bedeutet jedoch nicht, daß es Ihrem Kind nichts ausmacht, nicht mehr mit einem anderen Kind spielen zu können, das es zuvor sehr gern gehabt hat.
- Leistungsdruck. Fühlt sich ein Kind in der Schule überfordert, wird es deprimiert.
- Geringes Selbstvertrauen. Wenn sich Ihr Kind in seiner Haut nicht wohl fühlt, wird es auch von den anderen nicht gemocht werden, was seinen Kummer und seine Verzweiflung nur noch schlimmer macht.
- Streit zwischen den Eltern. Ganz gleich, wie alt Ihr Kind ist, es wird nicht gerne Zeuge von Auseinandersetzungen zwischen Ihnen und Ihrem Partner bzw. Ihrer Partnerin. Dabei spielt es keine Rolle, ob diese offen oder verdeckt ablaufen.
- Mißbrauch. Ein körperlich, seelisch oder sexuell mißbrauchtes Kind wirkt unruhig und verstört. Falls es überhaupt davon spricht, so wird dies große Überwindung kosten.

In folgender Art und Weise teilt Ihnen Ihr Kind durch seine Körpersprache mit: **„Ich bin tief unglücklich, auch wenn ich dir nichts davon erzählt habe.“**

1. **Ihr Kind spielt nur ungern mit Freunden.** Einem unglücklichen Kind fällt es schwer, bestehende Freundschaften zu pflegen und neue zu schließen. Bei der Vorstellung, daß ein neues Kind kommt, um mit ihm zu spielen, wird es keine Begeisterung zeigen. Wird es dieser Situation gegen seinen Willen ausgesetzt, so kann es zu Zänkereien kommen.

2. Ihr Kind hat keinen Appetit mehr. Vielleicht nimmt auch Ihr Appetit stark ab, wenn Sie sich über etwas Sorgen machen, und Speisen, die zu anderen Zeiten einen Genuß für Sie bedeutet hätten, sind plötzlich nicht mehr so attraktiv. Das gleiche gilt für Ihr Kind. Hinter der Appetitlosigkeit verbergen sich Traurigkeit und Einsamkeit. Es könnte sich aber auch eine Krankheit ankündigen.
3. Ihr Kind ist apathisch. Falls Ihr Kind lustlos und apathisch wird und seine gewohnte Lebhaftigkeit verloren hat, sollten Sie sich Gedanken machen. Wie beim Appetitverlust kann dies das erste Anzeichen für eine Krankheit sein. Der eigentliche Grund könnte aber auch die andauernde Traurigkeit Ihres Kindes sein.
4. Ihr Kind hat Schlafstörungen. Ein unglückliches Kind schläft nicht gut. Es hat Schwierigkeiten beim Einschlafen und wacht nachts immer wieder auf, weil es sich seelisch unausgeglichen fühlt. Morgens beim Aufstehen wird es aussehen, als könnte es geradewegs wieder zu Bett gehen.
5. Ihr Kind ist reizbar. Zwischen Unglücklichsein und Reizbarkeit besteht eine unmittelbare Verbindung. Ein Kind, das sich elend fühlt, hat nicht die Geduld, anderen zuzuhören oder deren Gegenwart zu ertragen. Es läßt sich leicht in Wut bringen und explodiert ohne ersichtlichen Grund. In Wirklichkeit ist die Wut Ihres Kindes jedoch gegen sich selbst gerichtet.

Wie Sie auf die Verschlossenheit Ihres Kindes reagieren können

Wenn Sie vermuten, daß die Körpersprache Ihres Kindes ein tiefe Traurigkeit zum Ausdruck bringt, so sollten Sie es ganz offen zu fragen, ob es Kummer hat. Vermutlich wird es antworten, daß es überhaupt nicht unglücklich ist und sich nur ein wenig unwohl fühlt. Unterhalten Sie sich mit Ihrem Kind. Sprechen Sie über Freundschaften, Freizeitbeschäftigungen, Schule etc. Vielleicht gewinnt es im Gespräch etwas Einsicht in seine wahren Gefühle.

Haben Sie erst einmal eine gewisse Zeit damit verbracht, die möglichen Umstände zu betrachten, die das Kind bedrücken könnten (obwohl Sie nicht sicher sein können, daß Sie richtig liegen), sprechen Sie mit anderen Menschen, die Ihr Kind kennen, um deren Ansichten in Erfahrung zu bringen: beispielsweise die Erzieherin im Kindergarten, der Lehrer oder die Lehrerin in der Schule, Geschwister oder Freunde

Erzählen Sie Ihrem Kind, was die anderen zu diesem oder jenem Punkt gesagt haben und was Sie selbst hinter seiner Traurigkeit vermuten. Seine erste Reaktion könnte darin bestehen, Ihre Vermutungen rundheraus abzulehnen und zu sagen, daß mit ihm alles in Ordnung sei. Andererseits könnten Sie jedoch gleich zu Beginn den Nagel auf den Kopf treffen und feststellen, daß es bei einer Ihrer Vermutungen zu weinen beginnt. In jedem Fall können Sie Ihrem Kind durch das Gespräch zu verstehen geben, daß Sie sich um sein Wohlergehen Gedanken machen, daß es Ihnen etwas bedeutet und daß Sie es glücklich sehen möchten. Dies ist an sich bereits ein positiver Schritt nach vorn.

Sind das Sammeln von Informationen und die Diskussionsphase erst einmal abgeschlossen, nehmen Sie ein paar Veränderungen im Leben Ihres Kindes vor. Versuchen Sie, Abwechslung in den Tag zu bringen, und beobachten Sie, wie Ihr Kind darauf reagiert. Wenn Sie das Gefühl haben, es sei unglücklich, weil es keine Freunde hat, so melden Sie es in einer Spiel- oder Jugendgruppe an, oder laden Sie ein paar Kinder in seinem Alter zu sich nach Hause zum Spielen ein. Wenn Sie den Eindruck haben, daß Ihr Kind Probleme mit der Schule hat, sprechen Sie mit seinem Klassenlehrer oder seiner Klassenlehrerin. Helfen Sie Ihrem Kind bei den Hausaufgaben, und lassen ihm viel moralische Unterstützung zuteil werden. Falls Sie sich mit Ihrem Partner in letzter Zeit häufig gestritten haben und Ihr Kind darunter leidet, so versichern Sie ihm, daß Sie es beide lieben und es bei Ihnen vollkommen sicher ist.

Zusammenfassung

Im Leben eines Kindes gibt es Hoch- und Tiefpunkte, auch wenn das Kind über seine Tiefpunkte nicht immer mit Ihnen sprechen möchte. Bei manchen Gelegenheiten erzählt es Ihnen vielleicht nur die halbe Wahrheit. Vielleicht lügt es Sie auch an, um einer Strafe zu entgehen. Es mag Ihnen aus Verlegenheit Informationen vorenthalten oder nimmt vielleicht nicht einmal wahr, daß es bedrückt ist. Die Körpersprache Ihres Kindes wird Ihnen stets offenbaren, daß hinter einer Geschichte mehr steckt, als es Ihnen erzählt hat. Sie können die Körpersprache Ihres Kindes interpretieren, um die Wahrheit herauszufinden, und dann eventuell unterstützend eingreifen.

7.
Körpersprache positiv einsetzen

Vorbemerkung

Dieses Buch sollte Sie dazu anregen, die Körpersprache einzusetzen, um Ihr Kind besser zu verstehen und einen tieferen Einblick in seine Gefühle zu bekommen. Nonverbale Kommunikation übermittelt den Eltern eine Menge Informationen über das Kind. Die richtige Interpretation der Körpersprache kommt jeder Eltern-Kind-Beziehung zugute. Je mehr Sie davon verstehen, desto enger wird die Verbundenheit zwischen Ihnen und Ihrem Kind.

Die Bedeutung des ersten Eindrucks

Denken Sie daran, daß Ihr Kind seine Körpersprache auch außerhalb der Familie zur Kommunikation mit anderen Menschen einsetzt. Die Botschaften, die es dabei übermittelt, können sowohl negativ als auch positiv sein. Nehmen wir einmal an, Sie treffen ein Kind zum ersten Mal, und dieses Kind schaut Sie finster an, wendet Ihnen den Rücken zu und schnaubt vor Wut. Nehmen wir weiter an, daß es Ihre Bemerkungen ignoriert, Sie von sich stößt und Ihnen die Zunge herausstreckt. Ganz ohne Zweifel würden Sie von diesem Kind einen schlechten Eindruck gewinnen, selbst wenn Sie es noch gar nicht kennen.

Und nun nehmen wir an, Sie treffen ein anderes Kind zum ersten Mal, nur daß dieses Kind Sie anlächelt, Ihnen seine Aufmerksamkeit zuwendet und Sie ansieht, wenn es mit Ihnen spricht. Ganz ohne Zweifel würden Sie von diesem Kind einen guten Eindruck gewinnen, selbst wenn Sie auch dieses Kind noch gar nicht kennen.

Keine dieser Einschätzungen wird den Umständen gerecht. Schließlich sind ein paar flüchtige, auf Körpersprache beruhende Eindrücke wohl kaum ausreichend, um die wahre Natur einer Person zu erkennen. Vielleicht haben Sie das erste Kind an einem schlechten Tag getroffen, und es hat normalerweise bessere Umgangsformen und ist vernünftiger, oder das zweite Kind hat Ihnen etwas vorgemacht. Die menschliche Natur ist jedoch so gelagert, daß wir anhand des ersten Eindrucks urteilen, ganz gleich, wie sehr wir darum bemüht sind, dies zu vermeiden. Wenn daher die Körpersprache eines Kindes in irgendeiner Weise negativ ist, so werden auch andere – Kinder oder Erwachsene – eine gewisse Abneigung gegen dieses Kind entwickeln. Glücklicherweise gilt jedoch auch das Gegenteil: Ein Kind mit positiver Körpersprache wird bei der ersten Begegnung mit größerer Wahrscheinlichkeit positiv angesehen.

Es ist daher sinnvoll, daß Sie Ihr Kind dazu anhalten, Körpersprache bewußt in einer Weise einzusetzen, die zu seinen Gunsten wirkt. Damit bringen Sie Ihrem Kind nicht bei, jemanden zu täuschen, sondern lediglich, praktisch vorzugehen. Allgemein beliebte Kinder sind oft auch glücklichere Kinder. Ihre Unterstützung bei der nonverbalen Kommunikation kann daher die Chancen Ihres Kindes auf sozialen Erfolg erhöhen.

So können Sie vorgehen

Sie können Ihr Kind schrittweise dazu ermutigen, seine Körpersprache einzusetzen, um einen sehr guten ersten Eindruck zu hinterlassen.

1. Schritt: Heben Sie die körperlichen Gesten hervor, die Ihrem Kind helfen, in den Augen anderer einen günstigen Eindruck zu erwecken. Überlegen Sie sich sorgfältig, worauf man bei Begegnungen mit anderen Menschen achtet.

2. Schritt: Erklären Sie Ihrem Kind, daß die Art, wie es sich beim Zusammentreffen mit unbekannten Kindern und Erwachsenen verhält, darauf Einfluß nimmt, wie sich diese Menschen ihm gegenüber verhalten. Ein Kind im Alter von drei bis vier Jahren wird verstehen, was Sie meinen.

3. Schritt: Wählen Sie eine Geste, um sie mit Ihrem Kind einzuüben. Ist sein Vertrauen erst einmal gewachsen, können weitere Gesten hinzukommen. Bei einem kleinen Kind genügt für den Anfang jedoch eine Geste nonverbaler Kommunikation.

4. Schritt: Zeigen Sie Ihrem Kind diesen Aspekt anhand von Beispielen. Wenn Sie etwa möchten, daß es anderen offen ins Gesicht schaut, so bitten Sie es, einen Augenblick ruhig stehen zu bleiben, und Sie stellen sich ihm in genau der Haltung gegenüber, die es Ihrer Ansicht nach einnehmen soll. Oder Sie stellen Ihr Kind neben sich und lassen es Ihre Bewegungen nachahmen.

5. Schritt: Üben Sie in Rollenspielen. Ihr Kind wird Spaß daran haben, bei dieser Art von Betätigung seine Phantasie spielen zu lassen. Geben Sie vor, Sie seien ein Fremder / eine Fremde, dem / der es zum ersten Mal begegnet. Das Rollenspiel erlaubt Ihrem Kind, die Gesten in einer geschützten und vertrauten Umgebung zu üben.

6. Schritt: Loben Sie Ihr Kind, wenn es die Gesten einsetzt, die Sie mit ihm eingeübt haben. Sagen Sie ihm, daß Sie sich darüber freuen und daß andere Menschen aufgrund dieses Verhaltens jetzt einen besseren ersten Eindruck von ihm gewinnen werden.

7. Schritt: Achten Sie in den darauffolgenden Monaten auf die Körpersprache Ihres Kindes, um zu sehen, ob es sie positiv einsetzt. Regen Sie es an, die Körpersprache anderer Kinder zu beobachten und nach anderen Beispielen zu suchen.

Körpersprache und erste Eindrücke

Die Körperhaltung. Der erste Eindruck bei der Begegnung mit einem fremden Kind wird geprägt durch seine Körperhaltung. Die Körperhaltung einer Person nehmen Sie schon aus der Entfernung wahr, noch bevor Sie ihren Gesichtsausdruck erkennen können, und daher sollte die Körperhaltung die Geste sein, die Sie mit Ihrem Kind einüben.

Ihr Kind ist vielleicht von Natur aus scheu, wenn es ein fremdes Kind oder einen unbekannten Erwachsenen trifft, und nimmt daher jedesmal eine eher defensive Körperhaltung ein, wenn es in eine solche Situation gerät – das heißt, seine Schultern sind gerundet und hängen herab, der Rücken ist gebeugt, und die Hände hängen schlaff an den Seiten herab. Die Beine sind möglicherweise leicht in den Knien gebeugt. Abgesehen von dieser „geschlossenen" Körperhaltung wendet es dem Fremden unter Umständen auch noch die Seite oder den Rücken zu und lädt damit noch weniger zur Kontaktaufnahme ein. Die ganze Haltung drückt aus: „Bleib mir vom Leib, ich will nichts von dir wissen."

Es bedarf nur ein paar kleiner Veränderungen an der Haltung, damit Ihr Kind einen viel besseren Eindruck bei einem fremden Kind oder Erwachsenen hinterläßt. Seine Körperhaltung sollte offener, aufgeschlossener und insgesamt positiver sein. Vor allem sollte Ihr Kind aufrecht stehen und die Schultern grade und waagerecht halten, als ob es sich kräftig gegen eine Wand lehnen würde. Auch Kopf und Hals sollten aufrecht getragen werden. Auf eine besondere Handgeste kommt es nicht an, wenn die übrige Körperhaltung stimmt. Das Kind kann die Hände locker hängen lassen oder die Finger leicht vor sich ineinanderflechten. Ihr

Kind sollte dem Fremden entgegensehen, während die Entfernung zwischen den beiden abnimmt, und dadurch den Blickkontakt erleichtern. Eine Haltung wie diese sagt: „Ich habe Vertrauen und bin bereit, dir zu begegnen."

Der Blickkontakt ist das nächste ausschlaggebende Kriterium. Die Augen sind wirklich „die Spiegel der Seele". Direkter Blickkontakt bringt Aufgeschlossenheit zum Ausdruck. Und in der Tat liegt einer der Gründe, warum Babys so ansprechend sind, darin, daß ihre Augen im Verhältnis zum Kopf überproportional groß sind und gerade dadurch unsere Aufmerksamkeit erregen. Erst im Verlauf der Kindheit führt das Wachstum des Kopfes zu einer relativen Verkleinerung der Augen.

Einen positiven Blickkontakt aufzubauen, ist jedoch keine einfache Angelegenheit. Der Blickkontakt allein bewirkt nicht automatisch einen guten Eindruck. Ihrem Kind lediglich zu sagen, es möge dem anderen Kind beim ersten Zusammentreffen in die Augen schauen, könnte mißverstanden werden. Das andere Kind könnte dies nämlich auch negativ interpretieren, zum Beispiel als:

- **Aggression.** Ein anhaltender Blickkontakt kann als feindselig ausgelegt werden, vor allem, wenn man dabei das Gesicht zusammenzieht.
- **Desinteresse.** Wenn die übrige Körpersprache Ihres Kindes Desinteresse zum Ausdruck bringt, wird auch der anhaltende Blickkontakt nichts daran ändern.
- **Unfreundlichkeit.** Ein ununterbrochener Blickkontakt kann sehr beunruhigend wirken, falls es keine anderen Zeichen für einen Wunsch nach Kontaktaufnahme, etwa ein Lächeln, gibt.

Erklären Sie Ihrem Kind, daß es einen Unterschied zwischen der Aufnahme eines festen Blickkontaktes und dem einfachen „Niederstarren" eines anderen Kindes gibt. Ein guter Blickkontakt bedeutet, daß man dem anderen Kind grade in die Augen schaut, gelegentlich jedoch einmal wegsieht. Es ist unangenehm, einen ununterbrochenen Blickkontakt zu halten oder zu spüren, denn man fühlt sich dadurch zu sehr gemustert. Natürlich sollte man im Gespräch mit anderen auf den Blickkontakt achten, um so sein Interesse und seine Anteilnahme auszudrücken.

Lächelnder Gesichtsausdruck. Ein Blickkontakt wird positiv aufgewertet, wenn er von einem lächelnden Gesichtsausdruck begleitet wird. Ein Problem besteht jedoch darin, daß Ihr Kind bei einer neuen Begegnung wohl kaum imstande sein wird, entspannt zu lächeln. Sein natürlicher Impuls besteht darin, die Gesichtsmuskulatur, vor allem um den Mund herum, anzuspannen, was ihm einen angespannten Ausdruck verleiht. Und den findet niemand besonders einladend! Ein Lächeln ist jedoch die spontanste Art, bei einer Begrüßung seine Freude zu zeigen, und daher sollten Sie Ihr Kind dazu anhalten, auch wenn dies das allerletzte ist, das es in diesem Augenblick tun möchte.

Sie können das Lächeln mit Ihrem Kind zu Hause vor dem Spiegel üben. Empfehlen Sie ihm, sich gerade vor den Spiegel zu stellen und seinen Mund zu betrachten. Halten Sie es dazu an, die Linie zu betrachten, die seine Lippen bilden, wenn es nicht lächelt. Sie wird flach sein, die Zähne sind nicht zu sehen. Bringen Sie Ihr Kind zum Lächeln, etwa indem Sie einen Scherz machen oder es ein wenig kitzeln, und bitten Sie es, den Unterschied zwischen seinem lächelnden und seinem nichtlächelnden Mund zu beschreiben. Dies erhöht die Eigenwahrnehmung Ihres Kindes.

Das nächste Stadium besteht darin, vor dem Spiegel Lächeln zu üben. Falls Ihrem Kind dies schwerfällt, bitten Sie es, sich seinen besten Freund oder seine beste Freundin vorzustellen und diesem Gesicht zuzulächeln. Kinder verfügen über eine sehr lebhafte Vorstellungskraft und sind daher in solchen Situationen sehr gut in der Lage, ihre Phantasie einzusetzen. Je mehr Ihr Kind das Lächeln übt, desto leichter fällt es ihm. Denken Sie daran, daß es einen Unterschied gibt zwischen einem echten und einem falschen Lächeln: Die Augen verraten es. Lächeln zu üben bedeutet jedoch, daß es Ihrem Kind leichter fallen wird, bei der Begrüßung eines unbekannten Kindes oder Erwachsenen spontan zu lächeln.

Entspannung. Zum Schluß sollte Ihr Kind auch versuchen, entspannt zu sein, wenn es einen positiven ersten Eindruck hervorrufen möchte. Die Begegnung mit Fremden fällt den meisten Kindern schwer, und die natürliche Reaktion besteht bei vielen in einer Anspannung der Muskulatur. In der Körpersprache zeigt sich die Anspannung auf verschiedene Weise.

So werden sich beispielsweise auch bei Ihrem Kind die Gesichtsmuskeln zusammenziehen, was einen Ausdruck hervorruft, der weit vom Lächeln entfernt ist. Auch die Muskeln um die Augen spannen sich an und führen zu einer leichten Verengung der Augen. Außerdem zwinkert Ihr Kind häufiger mit den Augen – ein Zeichen von Nervosität – und es kann zu leichten, regelmäßigen Zuckungen im Gesicht, das heißt zu Ticks verschiedener Art kommen. Parallel dazu erscheinen die Muskeln des Rumpfes und der Arme unbeweglich und starr, als ob sich Ihr Kind überhaupt nicht mehr bücken könnte oder auf der Stelle Wurzeln geschlagen hätte. Man kann dies auch als Angst und Anspannung auslegen. Die Beinmuskulatur reagiert in ähnlicher Weise, und Ihr Kind mag das dringende Bedürfnis verspüren, sich nach vorn und zurück zu bewegen. Vielleicht haben Sie schon einmal bemerkt, daß Ihr Kind ein Bein im Kniegelenk hin und her schwingt, wenn es nervös ist, eine unbewußte Reaktion, die es vielleicht nicht einmal wahrnimmt. All diese verschiedenen Aspekte der Körpersprache erzeugen einen ersten Eindruck, der auf Anspannung und geringes Selbstvertrauen hindeutet.

So wie die Körpergesten kann Ihr Kind auch seine Anspannung abbauen, indem es zu Hause Entspannungsübungen macht. Dies ist lediglich eine Sache der Atem- und Bewegungstechnik. Es gibt viele Arten von Entspannungsübungen für Kinder. Sie kennen vielleicht die eine oder andere Technik bereits. Folgende Übung ist jedoch besonders beliebt, weil sie leicht zu verstehen ist.

Sorgen Sie zunächst dafür, daß Ihr Kind auf einem bequemen Stuhl sitzt oder in Rückenlage flach auf dem Boden liegt. Sagen Sie ihm, es soll die Augen schließen und sich entspannen. Um ihm dabei zu helfen, können Sie ihm eine Geschichte vorlesen. Wenn Sie den Eindruck haben, daß es einigermaßen entspannt ist, bitten Sie es, sich darauf zu konzentrieren, wie sich seine Arm- und Beinmuskeln anfühlen, und Ihnen dies zu beschreiben. Vielleicht empfindet Ihr Kind sie als „schön", „leicht" oder „warm". Als nächstes bitten Sie es, seine Arm- und Beinmuskeln so fest es geht anzuspannen, als wolle es sich mit Fingern und Zehen in etwas hineinkrallen. Während es dies tut, bitten Sie es, Ihnen zu beschreiben, wie sich seine Arm- und Beinmuskeln jetzt anfühlen. Besprechen Sie mit Ihm den Unterschied zwischen Entspannung und Anspannung. Die Aufmerksamkeit Ihres Kindes auf diesen Unterschied in der Wahrnehmung zu richten, mag ihm in Zukunft helfen, leichter in einen Zustand der Entspannung zu gelangen. Erklären Sie ihm, daß es seine Muskeln „schön“, „leicht“ oder „warm“ machen sollte, wenn es jemandem zum ersten Mal begegnet. Verwenden Sie seine eigenen Worte, die es bei Beschreibung des entspannten Zustands verwendet hat.

Der Grad der Entspannung hängt auch von der Atmung ab. Bei einem angespannten Kind erhöht sich die Atemfrequenz, während gleichzeitig das bei jedem Atemzug aufgenommene Volumen an Luft abnimmt. Mit anderen Worten: Die Atmung wird schnell und flach. Diese körperliche Reaktion senkt den Sauerstoffgehalt im Blut, was wiederum Angst hervorrufen kann. Die Kontrolle der Atmung ist daher bei Entspannungstechniken sehr wichtig. Empfehlen Sie Ihrem Kind, daß es die Atmung verlangsamen sollte, wenn es sich nervös fühlt. Lange, tiefe Atemzüge sind am besten. Nach drei dieser Atemzüge sollte Ihr Kind versuchen, für ein paar Minuten wieder zu seiner normalen Atemfrequenz zurückzukehren, die es hat, wenn es nicht aufgeregt ist.

Ein Kind, das all diese Techniken einsetzt, um nonverbal mitzuteilen, daß es selbstsicher und entspannt ist, wird einen hervorragenden ersten Eindruck hinterlassen, und die neue Beziehung wird damit auf einer positiven Grundlage beginnen. Schon nach wenigen Übungen mit Ihrer Unterstützung werden Sie beide überrascht sein, wie leicht es ist, Körpersprache auf diese Weise zum Vorteil Ihres Kindes wirksam einzusetzen.

Mit anderen zurechtkommen

Wenn die Kinder nach dem ersten Eindruck miteinander zu spielen beginnen, besteht die Gelegenheit, echte Freundschaften zu schließen. Natürlich sind Freundschaften in der Kindheit noch flüchtig. Ihr Kind mag heute ein Kind als seinen besten Freund oder seine beste Freundin bezeichnen und am nächsten Tag ein ganz anderes Kind seinen „besten Freund" nennen. Manche Freundschaften sind jedoch von längerer Dauer. Sie hängt ab von der emotionalen Reife und Persönlichkeit der jeweiligen Kinder.

Kinder unterscheiden sich auch hinsichtlich ihrer Beliebtheit. Das eine Kind wird vielleicht von vielen seiner Bezugsgruppe gemocht, während ein anderes isoliert oder womöglich zurückgewiesen wird. In vielen Fällen ist da nichts zu machen, denn Beliebtheit hängt im Kindesalter oft von einer Reihe festgelegter körperlicher Attribute ab, etwa von der Sportlichkeit oder von körperlicher Attraktivität, und diese Eigenschaften lassen sich kaum verändern. In gleicher Weise sind beliebte Kinder oft auch intelligenter. Und dennoch können Sie dazu beitragen, die Beliebtheit Ihres Kindes und seine Fähigkeit zu erhöhen, Freundschaften zu erhalten und zu pflegen, indem Sie auf seine Körpersprache achten. Die psychologische Forschung hat eine Reihe von Merkmalen in der Körpersprache festgestellt, bei denen sich andere Menschen wohl fühlen. Ein Kind, das diese nonverbalen Botschaften vermittelt, kommt mit den Kindern seiner Bezugsgruppe wahrscheinlich besser zurecht.

Diejenigen Gesten, deren zentrale Bedeutung für einen ersten guten Eindruck bereits hervorgehoben wurden, also eine gute Körperhaltung, fester Blickkontakt, ein lächelnder Gesichtsausdruck und ein entspanntes Verhalten, sind auch für den Erhalt von Freundschaften in der Kindheit wichtig. Sie sollten Ihr Kind stets daran erinnern, über diese Aspekte seiner Körpersprache nachzudenken. Ist eine Freundschaft jedoch erst einmal geschlossen, so rücken andere Merkmale ins Blickfeld.

Aufmerksamkeit. Jeder Mensch möchte, daß man ihm zuhört, wenn er spricht. Stellen Sie sich vor, wie Sie sich fühlen, wenn Sie mit jemandem sprechen, sei es Ihr Partner, Ihre Partnerin oder Ihr Kind, und dann feststellen, daß man Ihnen nicht zuhört. Mit Sicherheit sind Sie verärgert, vielleicht auch verletzt, daß man Ihnen so wenig Interesse entgegenbringt. Kindern geht es ebenso. Aus diesem Grund sollten Sie die Aufmerksamkeit Ihres Kindes gegenüber anderen, die mit ihm sprechen, entwickeln. Aufmerksamkeit und Zuwendung kommen in einer Reihe von Gesten zum Ausdruck, zu denen zunächst einmal der Blickkontakt gehört. Es geht jedoch nicht nur um einen intensiven Blickkontakt, denn er kann auch als unseriös erscheinen und eine indifferente Grundhaltung vermitteln. Der Blickkontakt sollte regelmäßig erneuert werden und nicht ununterbrochen sein. Während das andere Kind spricht, sollte Ihr Kind den Blick nie länger als eine oder zwei Sekunden auf eine andere Person oder einen anderen Gegenstand richten, da dies den Eindruck erweckt, als langweile es sich.

Auch der Gesichtsausdruck Ihres Kindes sollte passen. Ein angeblicher Zuhörer, der zu einer traurigen Geschichte lächelt und deprimiert dreinschaut, wenn man ihm etwas Fröhliches erzählt, hört ganz offensichtlich nicht aufmerksam zu. Auch ein völlig leerer Gesichtsausdruck kann die gleiche Botschaft vermitteln. Die Stimmung, die sich im Gesichtsausdruck des Zuhörers zeigt, sollte daher der Stimmung der erzählenden Person entsprechen. Bei Ihrem Kind ist dies möglicherweise spontan der Fall, es lohnt sich jedoch, ihm dies noch einmal aufzuzeigen.

Positive Hervorhebung. Anhand von Untersuchungen konnte gezeigt werden, daß ein Kind beliebter ist, wenn es Freunden und Freundinnen gegenüber seine positive Grundhaltung hervorhebt, indem es ihre Worte und Handlungen zustimmend aufnimmt. Ein Lächeln, wenn ein Freund oder eine Freundin ihm einen Bonbon schenkt, ein begeisterter Gesichtsausdruck, wenn jemand ein neues Spielzeug vorführt oder ein Gut-gemacht-Zeichen, wenn ein Freund oder eine Freundin ohne fremde Hilfe über ein Hindernis klettert, sind Beispiele für eine positive Hervorhebung. Letztlich gehört jeder Blick und jede Geste, die Zustimmung und Billigung ausdrücken, dazu.

Kleine Kinder, vor allem im Kindergartenalter, sind von Natur aus egozentrisch, und es fällt ihnen schwer, auf die Gefühle anderer einzugehen. Daher heben sie auch ihre Gefühle seltener positiv hervor als Erwachsene. Dies zu tun, erfordert höhere Sensibilität. Die positive Hervorhebung hilft, Freundschaften und gegenseitige Gefühle zu verstärken, und kann mit Ihrer Unterstützung auch von Ihrem Kind erlernt werden.

Beschwichtigende Gesten. Der letzte, in diesem Zusammenhang zu berücksichtigende Aspekt der Körpersprache besteht in beschwichtigenden Gesten. Beobachten Sie Ihr Kind und seine Freunde und Freundinnen beim gemeinsamen Spiel. Sie werden bald erkennen, daß die Gesten, die sie untereinander gebrauchen, aggressiv oder beschwichtigend sein können. Die aggressiven Gesten sind eindeutig, etwa wenn ein Kind einem anderen Kind sein Spielzeug aus der Hand reißt, wenn es die anderen böse anstarrt, weil die Dinge nicht nach seinem Kopf laufen, oder wenn ein Kind einfach wütend um sich schlägt. Jeder, gegen den sich solche Gesten richten, kennt deren Bedeutung, und sie werden mit der bewußten Absicht ausgeführt, genau das jeweilige Gefühl zu vermitteln.

Beschwichtigende Gesten sind subtiler, üben jedoch einen vergleichbaren Einfluß auf Freundschaften aus. All diese Gesten implizieren Fürsorge anstelle von Zurückweisung, Sicherheit anstelle von Feindseligkeit. Beschwichtigende Gesten beinhalten gewöhnlich Handbewegungen wie folgende:

- **Applaus.** Dies ist ein eindeutiges Zeichen der Zustimmung. Jedes Kind liebt es, wenn man seinen Erfolgen applaudiert. Natürlich sollte dies nur hin und wieder geschehen, da es ansonsten erzwungen wirkt. Als Anerkennung für das Erreichen eines Ziels und als Ausdruck der Zustimmung ist ein kurzer Beifall jedoch stets willkommen.
- **Helfen.** In fast allen Kulturen bedeutet eine geöffnete Hand friedliche Absicht, während eine geschlossene Hand Aggression bedeutet. Demnach bezeugt ein Kind einem anderen gegenüber durch Körpersprache seine Freundschaft, indem es etwa seinem Freund die geöffnete Hand entgegenstreckt, um ihm beim Aufstehen vom Boden zu helfen, oder indem es ihm leicht auf den Rücken klopft.
- **Teilen.** Es gibt keine bessere Art, Freundschaft zu demonstrieren, als seinen Besitz mit anderen zu teilen. Dies ist eine der einfachsten Formen zu sagen: „Ich mag dich und möchte gern, daß du hast, was ich habe.“ Leider teilen Kinder nicht immer instinktiv. Man muß es ihnen erst zeigen.

Wie Ihr Kind mit Ihrer Hilfe eine positive Körpersprache erlernen kann

Was Sie tun sollten

Es soll Ihnen und Ihrem Kind Spaß machen. Gehen Sie die Sache nicht zu ernst an, denn in einer angespannten Atmosphäre lernt Ihr Kind nichts.

Passen Sie sich dem Niveau Ihres Kindes an, damit es Ihren Erklärungen folgen kann. Es hat keinen Sinn, ihm die nonverbale Kommunikation in der gleichen Weise erklären zu wollen, wie Sie dies bei einem Erwachsenen tun würden.

Loben Sie Ihr Kind, wenn es seine Körpersprache in alltäglichen Situationen auf natürliche Weise positiv einsetzt. Weisen Sie es auf solche Situationen hin und erklären Sie ihm, warum Sie sich freuen.

Was Sie vermeiden sollten

Zeigen Sie keine Enttäuschung, wenn Ihr Kind die Gesten der Körpersprache, die Sie mit ihm geübt haben, nicht anwendet. Alle Kinder lernen unterschiedlich schnell.

Seien Sie nicht überrascht, wenn Ihr Kind beim häuslichen Üben der positiven Körpersprache zwar tut, was Sie ihm sagen, das Erlernte jedoch sofort vollständig vergißt, sobald es nach draußen geht.

Bedrängen Sie Ihr Kind nicht. Konzentrieren Sie sich jeweils auf einen Aspekt der positiven Körpersprache, und gehen Sie erst dann zum nächsten Schritt über, wenn Ihr Kind den vorangehenden Schritt sicher zu beherrschen scheint.

Zusammenfassung

So wie Sie sich auf die Körpersprache Ihres Kindes konzentrieren können, um es besser zu verstehen, können Sie ihm auch helfen, bestimmte Aspekte nonverbaler Kommunikation auf eine positive Weise einzusetzen, um seine Freundschaften zu festigen und seine Beliebtheit bei anderen Kindern zu erhöhen. Der erste Eindruck ist wichtig, und Ihr Kind kann über seine Körpersprache eine Menge dazu beitragen, um diese kurzen ersten Augenblicke zu seinen Gunsten wirken zu lassen, etwa indem es festen Blickkontakt hält, eine gute Körperhaltung einnimmt und entspannt wirkt. Was die bestehenden Freundschaften Ihres Kindes betrifft, so können Sie ihm dabei helfen, seine Aufmerksamkeit zu schulen, seinen Freunden und Freundinnen in angemessenerer Form Beifall zu spenden und sozial stärker adaptierte Gesten zu entwickeln. All diese Techniken helfen Ihrem Kind, eine positive Körpersprache zu erlernen und einzusetzen.

Erziehung ist kein Kinderspiel

Michael Rohr
Freiheit lassen – Grenzen setzen
Wie Eltern Sicherheit gewinnen und ihren Kindern Halt geben
Band 4618

Der kompetente Kinderarzt ermutigt Eltern, mit den Kindern zusammen das sensible Gleichgewicht zwischen Freiheit und Begrenzung immer wieder neu zu finden.

Gerda Wichtmann
Kinder brauchen Orientierung
Ein praktischer Ratgeber nach Maria Montessori
Band 4608

Kinder brauchen Freiräume, aber auch feste Regeln, um sich gut zu entwickeln. Viele Beispiele aus dem Erziehungsalltag zeigen, wie dies gelingen kann.

Rebeca Wild
Kinder wissen, was sie brauchen
Hrsg. von Lienhard Valentin
Band 4605

Wie Eltern umdenken können: Um ihre Anlagen zu entwickeln und glücklich zu sein, brauchen Kinder viel weniger, als Erwachsene oft denken.

Maria Montessori
Wie Kinder zu Konzentration und Stille finden
Hrsg. von Ingeborg Becker-Textor
Band 4597

Elementar, tief und praktisch: Übungen, die Kindern helfen, sich zu konzentrieren und die positive Wirkung der Stille zu erleben.

Christina Buchner
Kluge Kinder fallen nicht vom Himmel
Was Eltern alles tun können
Band 4573

Was zu welchem Zeitpunkt wichtig und richtig ist, zeigt Christina Buchner an vielen praktischen Beispielen, Tips und Übungen.

Emmi Pikler/Anna Tardos
Miteinander vertraut werden
Wie wir mit Babies und kleinen Kindern gut umgehen – ein Ratgeber für junge Eltern
Band 4537
Wie Kinder zufriedener werden und Eltern weniger Streß haben.

Walter Pacher
Wenn Kinder keine Grenzen kennen
Konflikte lösen ohne Machtanwendung
Band 4494
Wie die Methode der Familienkonferenz erfolgreich sein kann, zeigt Walter Pacher mit vielen Beispielen und Übungen.

Charles A. Smith
Hauen ist doof
Miteinanderspiele – Anregungen und Tips für Eltern und Erziehende
Band 4460
Spielen ohne Aggression: wie Kinder ganz nebenbei lernen, Gefühle zu zeigen, sich zu verständigen und Hilfe anzubieten. Phantasievolle Spielideen für Kids.

Christine Brasch
Der gute Ton für kleine Rüpel – und entnervte Eltern
Band 4458
Der tägliche Kampf um Bitte und Danke hat ein Ende: ganz konkrete und erprobte Hinweise zum Was und Wie des guten Benehmens.

Maria Montessori
Lernen ohne Druck
Schöpferisches Lernen in Familie und Schule
Band 4371
Ein Buch, das zeigt, wie Kinder selbst entscheiden und gut vorankommen können.